Per terra e per mare
Poesie per chi è in cerca di rifugio

A cura di Kathleen Bell e altri

Introduzione di Sir Martyn Poliakoff

Traduzione e postfazione di Pietro Deandrea

Datemi i vostri poveri, i vostri spenti,
Le masse accalcate che anelano al libero respiro,
I miserabili rifiuti sulle vostre rive brulicanti.
Mandate a me i senzatetto, chi è squassato da tormente,
Io leverò la mia fiaccola alla porta d'oro!

Emma Lazarus, 1883

... tutto ciò che è possibile fare sarà fatto, per garantire che i nostri confini siano sicuri, e che i turisti britannici siano in grado di andare in vacanza.

David Cameron, 2015

Per terra e per mare
Poesie per chi è in cerca di rifugio

A cura di Kathleen Bell e altri

Introduzione di Sir Martyn Poliakoff

Traduzione e postfazione di Pietro Deandrea

Per terra e per mare
Poesie per chi è in cerca di rifugio
A cura di Kathleen Bell e altri
Traduzione e postfazione di Pietro Deandrea

Pubblicato nel 2020
da
CivicLeicester
y. https://www.youtube.com/user/civicleicester
f. https://www.facebook.com/CivicLeicester/
CivicLeicester@gmail.com

ISBN: 978-1-9164593-4-2

Titolo originale del volume: *Over Land, Over Sea: Poems for those seeking refuge*, edited by Kathleen Bell e altri (Nottingham, Five Leaves Publications, 2015)

(c) Copyright per le poesie dei singoli autori
(c) Copyright per l'Introduzione: Sir Martyn Poliakoff
(c) Copyright per l'antologia: Kathleen Bell e altri
(c) Copyright per la traduzione: Pietro Deandrea

Volume pubblicato con il patrocinio del
Dipartimento di Lingue e Letterature Straniere e Culture Moderne,
Università degli Studi di Torino

I proventi di questo volume saranno devoluti a:
Mosaico: Azioni per i rifugiati (Torino)
After18 (Leicester)
Watch The Med AlarmPhone

Indice

Introduzione Sir Martyn Poliakoff	x
L'uomo che attraversò il tunnel Ambrose Musiyiwa	1
Frontiere Chrissie Gittins	2
Quel che conosciamo Kerry Featherstone	4
Cosa c'è in un nome? Penny Jones	5
Traversata della Manica Anne de Gruchy	6
Backscatter Song Joanne Limburg	8
La consegna Martin Johns	9
Accuse Aoife Mannix	10
Una consolazione Mahendra Solanki	11
Camminiamo insieme Sally Jack	12
La Festa di Callum Peter Wyton	13
Storia di una vita Gregory Woods	14
Entrate Lydia Towsey	16
Per Aylan Laura Taylor	17
Cittadini Ken Evans	18
Tutto bene, Jack? Alan Mitchell	19
Il biancore Mariya Pervez	20
Compleanni, maggio 2015 Merrill Clarke	21
Diwan sotto la neve Ziba Karbassi	22

in un sudario di semantica John Mingay	24
Relatività Tania Hershman	25
da *La Riverside Commission* Mahendra Solanki	26
La cartellina blu Lily Silverman	28
L'insurrezione della poesia Chrys Salt	31
il problema con le parole James Bell	33
Relativo Roy Marshall	34
Un viaggio memorabile Barbara Saunders	35
poco prima dell'alba James Bell	37
Haiku Helen Buckingham	38
Epurazioni Jan Harris	39
Sbarco a Lampedusa Laila Sumpton	40
Esodo Danielle Hope	42
Stoffa frantume intrecciare Mark Goodwin	43
Pedoni Hubert Moore	45
Nevicata Danielle Hope	46
Promesse Richard Devereux	47
Notifica di Asteroide George Symonds	48
Chiedere indicazioni Sheenagh Pugh	49
Ave Maria Rory Waterman	50
Ombelicale Russell Christie	51

in viaggio Ambrose Musiyiwa 52

Addio Terezin Rose Scooler 53

I candidati elettorali promettono di essere duri con le cause del disordine Alan Baker 54

Questa Mark Rawlins 55

Stasera di nuovo Anne Holloway 56

In attesa Kathleen Bell 57

Così tanti in cammino Joanne Limburg 58

Riflusso Neil Fulwood 59

Squàgliatela Stephanie Farrell & Shell Rose 60

Giù alla spiaggia Harry Paterson 62

Questa poesia non è stata proibita Kathleen Bell 63

Il richiamo Ian Seed 64

Quote Lydia Towsey 65

Il paradosso dell'osservatore Tania Hershman 67

L'anno di cui non parliamo Maria Taylor 68

La prima volta... Jasmine Heydari 69

Noi arriviamo in camion Sally Flint 70

Il bacio Emer Davis 71

L'invasore Nasrin Parvaz 73

Tracciamento Marilyn Ricci 74

Tra gl'inferi e l'abisso Diane Pinnock 75

Haiku Helen Buckingham	76
La grande casa Sally Flint	77
La nave affonda Carmina Masoliver	78
Al sicuro John Ling	79
Io e la guerra Ammar Bin Hatim	81
Yalla Trevor Wright	83
Le lattine di minestra di Andy Warhol Andy Szpuk	84
Insediati Mary Matusz	85
Poesia Simon Perril	86
Essere umano Swan	88
Quando regna il rancore Thomas Ország-Land	89
Per favore abbiate cura di quest'orso Laila Sumpton	90
Ouverture Caroline Rooney	92
Il mio vicino Richard Byrt	94
Giorno di mercato Maria Taylor	95
Non oltre Chrissie Gittins	96
Mancanza A.C. Clarke	98
L'ultima pioggia di stagione Kevin Jackson	99
Tutti vogliono fare film su di me Caroline Rooney	100
Stirare le pieghe Hubert Moore	101
In verità avevo paura Joan Byrne	102

Cornici Marilyn Ricci	103
Uccidere Nasrin Parvaz	104
Un giretto sul carro del fieno Roy Marshall	105
Da un'isola del nord Atlantico David Belbin	106
Figli della guerra Malka Al-Haddad	107
Dislocazione Pam Thompson	108
Nell'obiettivo Liz Byfield	109
Respirare da una fissa dimora Andy N	110
un unico paese Rod Duncan	111
e il mare restituì i morti che esso custodiva Daniel O'Donnell-Smith	112
Al confine Alison Lock	113
Autori	115
Ringraziamenti	130
Sostegno economico	133
Postfazione all'edizione italiana	134

Introduzione

Erano giorni felici, nonostante gli scoppi di granate e le mitraglie, ma le notti erano spaventose. Dormivamo in sala da pranzo. Il campanello di casa suonava più di una volta durante la notte e venivamo accusati da una fazione o dall'altra di aver tenuto una luce accesa (che non era vero) e minacciati di terribili conseguenze se l'avessimo fatto ancora. Di tanto in tanto un po' di gente si precipitava dentro casa, dopo aver sentito delle voci: spesso le notizie erano che stavano per arrivare i bolscevichi e avrebbero tagliato la gola a tutti noi. L'unica persona su cui parevano fare effetto era mia nonna, che saltava giù dal letto e ripeteva "Quel che sarà, sarà."

Queste parole vennero scritte da mio padre, Alexander Poliakoff, per descrivere i suoi ricordi dell'inizio della Rivoluzione Russa a Mosca, quando aveva solo sette anni. Pochi anni dopo, lui e la sua famiglia erano profughi. Per fortuna furono accolti in Gran Bretagna e cominciarono qui una nuova vita. I loro figli e nipoti sono cresciuti ed hanno prosperato qui nel Regno Unito.

Per quanto riguarda me, ho vissuto quasi tutta la mia vita adulta a Beeston, come parte della comunità locale. È difficile, quindi, ignorare la tragedia di famiglie che oggi stanno vivendo traumi simili a quelli conosciuti da mio padre e dai miei nonni più o meno cento anni fa.

Questo libro è una straordinaria raccolta di poesie e prose composte da un gruppo di scrittori delle Midlands Orientali che hanno profondamente a cuore le vite degli altri, e che sono decisi a aiutare i meno fortunati. Tutti coloro che hanno partecipato lo hanno fatto a titolo gratuito e tutti i proventi delle vendite saranno devoluti per aiutare i rifugiati.

Questa è una grande dimostrazione dello spirito presente nella nostra regione. È anche una prova del fatto che la compassione è ancora viva nel Regno Unito e che siamo pronti ad accogliere nuove famiglie nel nostro paese in modo che possano portare il loro contributo alle nostre comunità, non appena avranno superato questa terribile esperienza. Fino ad allora, occorrerà aiutarle.

Sir Martyn Poliakoff (Commendatore dell'Ordine dell'Impero Britannico, Membro della Royal Society), Beeston, Nottinghamshire, novembre 2015

L'uomo che attraversò il tunnel

Quando ho saputo
di come ha corso
attraverso continenti
oltre fiumi
per foreste
per deserti
e per tunnel,
come avrei potuto
non esserne ispirato?

Ambrose Musiyiwa

Frontiere
per Teddy Buri (Alleanza Nazionale per la Democrazia, Myanmar)

Fragole Elsinore immerse nello sciroppo
come mongolfiere in un cielo rosso.
Fettine d'arancia di Siviglia, marinate per una notte

in whisky Jameson, distese a incrociarsi
nella gelatina ambrata.
Incartate con cura per il volo,

si annidavano nello zainetto,
rifugiate dalla mia valigia sovrappeso.
Ma non erano permesse–

potevano essere esplosivo,
la percentuale di liquido troppo alta rispetto al solido.
Ho perorato la loro causa – regali per chi mi ospitava,

fatte in casa. *Peggio ancora*, dicevano.
Perché non le prende lei? ho chiesto alla giovane
che cercava di essere gentile.

Non mi è permesso.
Mi piace pensare che, finita la giornata,
mentre nessuno ci faceva caso,

ha infilato la mano nel bidone degli oggetti buttati
e salvato i miei vasetti.
Non avevo perso i vestiti, non avevo perso

la mia infanzia nelle fotografie,
non avevo perso il mio paese.
E comunque mi ha colpito nel vivo.

Mentre l'aereo si alzava dal mio paese
ho pensato a te che scappavi al confine
assieme alla tua vita, sapendo solo

che eri vicino al campo
quando ti sei svegliato nella giungla
all'abbaiare dei cani.

Chrissie Gittins

Quel che conosciamo

Ecco quel che conosco io:
abbiamo camminato per il Ghowr fino a Farah e poi
per il Turkmenistan attorno al Mar Nero, il Caspio,
contro un muro chiamato 'Europa'.
Abbiamo ingannato i confini d'Ungheria. Conosco
amici del campo soffocati nei camion
per migliaia di miglia, entrati in Italia senza
una parola. Conosco questo campo,
terreno piatto al di sopra del mare;
pieno di gabbiani e turisti che possono scegliere
e ignorare la tentazione d'acciaio pesante
di un tunnel buio con i suoi treni.
Conosco quel richiamo.

Ecco quel che non conoscete voi:
le dolci vallate del Ghowr. Alte montagne
attorno alla città natale di Chaghcharan.
Tessitori di tappeti che non sanno leggere neanche una parola
ma di certo fanno cantare i fili. Una donna
che prende il posto di un uomo; alla guida di un'auto.
Non conoscete la nostra radio; *The Voice of Peace*.
Questo è mio figlio, Aymal, che deve mantenere
segreti sanguinosi. E mia moglie. Non conoscete
un uomo fuori dal campo di Sangatte
che mi ha sbattuto il cellulare per terra mentre squillava. Mia moglie.
Non conoscete questa gente.

Kerry Featherstone

Cosa c'è in un nome?

Poshan è così stanco che le sue gambe tremano come un agnello.
Rida prega Dio. Chiede: "Perché?"
Ozaafar capisce. Deve avere coraggio.
Falaq piange nel buio, pregando per l'alba.
Ubab lascia cadere le lacrime a tempo con la pioggia.
Gulbar passa una mela a sua sorella, lo stomaco che gli brontola.
Oadira sorride, dà un morso e gliela ripassa.

Penny Jones

Traversata della Manica

Sopra coperta il cielo azzurro urla gabbiani
con strascichi di nuvole a cirri.
Bambini ai parapetti
trattenuti dai genitori:
"Possiamo prendere delle patatine, mamma?"
Più in basso arranca il traghetto,
cargo stracolmo di slot machine, sale TV
e scadente vino francese.

Sottocoperta c'è un silenzio che puzza di benzina.
Stephan si sposta
sente contro la coscia la pressione del piede di Jolanta.

Quarta corsa di oggi.
Il capitano, con la testa già a casa, si domanda che c'è per cena
e tornerà in tempo per la partita?
Ci starebbe bene un rinvio, per la squadra,
oppure un miracolo.
Non avremmo mai dovuto vendere quell'attaccante allo United.

Il camion è rovente, sigillato contro sguardi indiscreti,
sulla fiancata il marchio di una catena di supermercati.
L'onda del mare
sballotta i corpi ammassati nello spazio ristretto.
A Stephan viene in mente una preghiera
una meditazione.
La recita in silenzio tra sé e sé
     attento a non sprecare l'aria preziosa.
Pensa al vestito che comprerà a Jolanta
ai bambini che avranno.

"Mi viene da vomitare, mamma."

"Va' in bagno, allora. Te l'avevo detto di non pigliarti 'ste patatine."
Il traghetto arranca
il cielo azzurro lassù
la stiva senz'aria, impregnata di benzina, riempita da parte a parte.

Dopo,
quando Stephan arriva da me al centro per rifugiati,
l'unica cosa che ricorda della nave
è il momento in cui il piede di Jolanta
ha smesso di muoversi contro la sua coscia.

Anne de Gruchy

Backscatter Song

Scansione in corso. Attendere prego…
C'è qualcosa di organico
nascosto in questo cargo.
Vedo sangue e panico.

C'è qualcosa di organico
appare bianco e luminoso.
Vedo sangue e panico
la mia luce l'ha preso.

Appare bianco e luminoso
chiaramente di frodo
la mia luce l'ha preso:
alieni. Vietato l'approdo.

Chiaramente di frodo,
vedo disperazione.
Alieni, vietato l'approdo
senza documentazione.

Vedo disperazione
nascosta in questo cargo
senza documentazione.
Scansione in corso. Attendere prego…

Joanne Limburg

Il termine *backscatter* (retrodiffusione o radiazione di ritorno) si riferisce a un tipo di tecnologia a raggi X usata per ottenere immagini particolarmente luminose e dettagliate di materiali quali esplosivi, armi da fuoco, droga ed esseri umani, che altrimenti non verrebbero rilevati.

La consegna

Chissà come il suo odore
era sfuggito ai cani poliziotto di fine turno
all'onda indolente di una bacchetta magica a pulsazioni.

Incastrato come il nottolino
di un rocciatore tra casse d'acciaio.
Quando ha lasciato la firma

delle sue impronte sulla sabbia l'ultima volta?
Ha freddo, freddo come la notte del deserto, ma è raggiunto
dal calore di una voce dolce.

Lui sente solo la dolcezza,
assapora un panino che rispetta la sua fede.
Mentre il suo ex-liberatore riconosce

se stesso, tutti gli uomini e le donne
nello specchio nero di quegli occhi spalancati,
prima che arrivino a portarlo via.

Martin Johns

Accuse

Si parla così tanto
di sciami nei tunnel,
orde sulle barche,
masse all'assalto di confini,
sussidi agli scarafaggi.
E poi c'è quella fotografia
di un ragazzino affiorato su una spiaggia,
i piedi puntati verso la riva,
il volto insabbiato nel mare,
il corpicino che poteva essere mio figlio o il tuo,
che dice che dovremmo vergognarci di noi stessi.

Aoife Mannix

Una consolazione

Atque in perpetuum, frater,
ave atque vale.
                — Catullo

I morti non ritornano da noi,
trovano approdo nei recessi,
alloggiano in spazi abbandonati,
tra ciò che è detto e il non fatto.

Noi non possiamo che piangere sgraziati,
sapendo che la nostra fine non è lontana
da un litorale sconfinato
e un antico rituale estenuante.

La nostra dolente consolazione–
un saluto e un addio tradotti.

                                            Mahendra Solanki

Camminiamo insieme

La nostra famiglia è in attesa di notizie.
Sappiamo dei pericoli
ma non abbiamo armi.

Abbiamo gambe e
ci alziamo in piedi;
cammineremo insieme.

Fa molto caldo
ma condividono acqua e prugne del loro giardino.
Tarek ha male alla gamba finta ma Tomas gli offre un passaggio
                              sulla sua bicicletta.

Ad Amira sanguinano i piedi, Said le dà le sue scarpe da ginnastica.
I bambini ridono quando lui balla una *dabka* nelle ciabatte di seta
                              della moglie.
Sorridiamo tutti.

Camminiamo quando camminano loro,
dormiamo quando dormono,
la pioggia leggera a imperlarci la coperta.

Sotto lo stesso sole,
la stessa luna,
la nostra famiglia è in attesa di notizie.

Sally Jack

La Festa di Callum

Oggi è la Festa di Callum. Lungo il viale
c'è una processione in suo onore.
File su file di donne materne,
tutte con una cesta di fiori appena colti.
Scolari, che stringono orsacchiotti di Callum.
Ufficiali di polizia, con medaglie.
Autorità civili, con catene cerimoniali.
Rappresentanti delle chiese locali.
Mezzi d'informazione. Il corpo medico.
Gente di organizzazioni assistenziali.
Sono arrivati tutti per la Festa di Callum
eccetto, ahimè, i suoi parenti più stretti,
che le autorità non sono riuscite
a contattare, pur avendo fatto ogni sforzo.
E lo stesso Callum, giustamente,
per la Festa di Callum, si trova nel posto che gli compete,
alla testa dell'intero raduno,
trasportato da un solo becchino.
Callum, che non ha portato niente in questo mondo,
niente ne prende, fedele alla tradizione,
se non "Callum", un'etichetta stampata per lui,
perché possa usarla in occasione della Festa di Callum.
Callum il rifugiato, che, come molti
rifugiati prima di lui e molti dopo,
ce l'ha fatta a passare il confine,
solo per venire rigirato e rispedito subito indietro.

Peter Wyton

Nel 2002 un neonato abbandonato venne ritrovato nel sito in costruzione per i Giochi del Commonwealth. Fu chiamato Callum e spirò poche ore dopo il ritrovamento.

Storia di una vita

1
Trova il guanto di sua sorella
tra le impronte di stivali
in un cumulo di neve vicino al bosco.

2
Lo prende con sé quando
marcia per le montagne,
mendicando pane da sconosciuti.

3
Una nuova identità
cui non si abitua mai davvero
familiarizza con altre.

4
Si affeziona ai linguaggi
come ai paesaggi: in ognuno
un lavoro, una ragazza, una domanda.

5
Quando attraversa l'oceano
osserva i gabbiani reali
che fanno a gara per seguire la sua scia.

6
La donna che diventa
sua moglie e gli dà dei figli
(nessuna figlia) gli porta fortuna.

7
Le mani che si sforza di
mantenere occupate tentano
una sorta di tenerezza.

8
Non prova interesse
per la politica, ma lo sport
riempie le sue ore d'ozio.

9
Esamina un volto
allo specchio, non più
il fratello minore di sua sorella.

10
Canta alla nipotina
una canzone straniera, ma si ferma
quando lei scoppia a piangere.

11
Risvegliato da esplosioni
quando termina il secolo,
prende un sonnifero.

12
Senza più niente di tutto ciò
che una volta immaginava
esserci, niente gli manca.

Gregory Woods

Entrate
Per i migranti e i rifugiati che arrivano in Europa

Ci dispiace per i nostri vicini,
per quelli che non sanno
come dare il benvenuto;
hanno letto il libro delle porte
ma dimenticato come si aprono.

Ci dispiace per il padrone di casa,
è sempre stato un problema
e i dipendenti nel suo ufficio
non agiscono, inutile dirlo –

parliamoci chiaro:
il nulla che fanno loro
non è a nome nostro.

Dispiace per lo stato in cui ci trovate,
non è che non sapessimo del vostro arrivo,
e per le pene che sappiamo avete sofferto;

accomodatevi prego, toglietevi le scarpe,
prendete questa coperta
è il minimo che possiamo fare.

Mi dispiace per i nostri modi,
l'ultima volta che vi abbiamo fatto visita
il disordine che abbiamo lasciato,
il motivo che vi ha costretti a passare a trovarci oggi.

Lydia Towsey

Per Aylan

Volevo solo tu sapessi
che i tuoi amabili resti non sono andati sprecati
che il tuo minuscolo corpicino in una foto sulla spiaggia
ha scosso il mondo, accortosi di te laggiù

e lo so che è troppo tardi
e tu non sarai mai padre o amante o uomo
ma la tua scomparsa nella marea ha aiutato famiglie
che seguono la tua scia

e questo non farà mai stare tua madre meglio,
stare in pace, ma volevo tu sapessi
che il tuo minuscolo corpicino in una foto sulla spiaggia
ha costretto le potenze del mondo a riunirsi

e i bambini non dovrebbero morire in barche di plastica di notte
mentre i loro genitori scappano dal pericolo causato da noi
e la gente che vende armi agli psicopatici mediorientali
non dovrebbe governare nazioni
raccontare menzogne
fare guerre

e volevo solo tu sapessi
che i tuoi amabili resti non sono andati sprecati
che il tuo minuscolo corpicino in una foto sulla spiaggia
ha scosso il mondo, accortosi di te laggiù
abbi cura di te
dormi bene
piccolino

Laura Taylor

Cittadini

Se sorridi quando ti fermano e ti svuoti le tasche
Per l'agente che ti ha fermato ieri sera
    Sei uno di noi.

Se tua sorella balla con chiunque le piaccia
Ogni volta che vuole e tu non stai sveglio fino a tardi
    Sei uno di noi.

Se alcuni dei tuoi migliori amici sono bianchi
Ma non li porti a conoscere la famiglia,
Se sai quanti metri di tessuto ci vogliono
Per un sari, il numero di sure nel Corano
    Sei uno di noi.

Se sei sicuro che segneremo il gol decisivo
Ai rigori della semifinale,
Se sai recitare tre sonetti di Shakespeare,
Due soliloqui e il finale di *Cimbelino*,
    Sei uno di noi.

Se quando senti qualcuno dire
Sul bus, "Non sono razzista, ma…"
Ti volti e ti rifiuti di accettare quella postilla,
    Sei uno di noi.

Ken Evans

Tutto bene, Jack?

No, Jack.
Non va tutto bene.
Neanche lontanamente.
Da quando è diventata
la cosa britannica da fare
voltare la schiena con freddezza
a gente in situazioni disperate?
Da quando è diventata
la cosa britannica da fare
parlare di gente e trattarla come
fosse la feccia della Terra?
Da quando è diventata
la cosa britannica da fare
una semplice alzata di spalle
solo per ignorare la sofferenza
di esseri umani come noi?
Da quando è diventata
la cosa britannica da fare
essere così pieni d'odio?
No, Jack.
Non va tutto bene.
Neanche lontanamente.

Alan Mitchell

Il biancore

Il primo topo bianco di laboratorio spedito sulla luna
Morì dentro il razzo, martire
Tascabile per la causa della ricerca.

I due seguenti
Sopravvissero.

Ahimè, ahimè, non furono mai recuperati.
Come la luna li accolse nessuno lo sa.
Rimase fredda di fronte a quegli ospiti con pelo e zampine?
Era comunque abitabile?

Mi piace pensare che si fecero una vita lassù.
Si moltiplicarono e prosperarono per sopravvivere evoluti
Senz'acqua, senz'aria, chissà come
Nella loro vasta tana sconosciuta.

Nel frattempo le famiglie rimaste nel laboratorio
Meditano sui loro cari perduti e sperano e pregano
Che in qualunque luogo si trovino questo abbia pietà di loro
Ed abbia pietà di noi, amen, amen.

Nel frattempo, nel suo camice, una notte lui scruterà
La luna e sotto quel tenue bagliore diffuso
Strizzerà gli occhi, credendo di vedere la superficie muoversi
Giurando di averla vista muoversi.
E il movimento va avanti e avanti e avanti

Mariya Pervez

Compleanni, maggio 2015

Festeggiavamo dei compleanni.
A pranzo fuori con nostro figlio.
Il suo compleanno era vicino.
Altrove stavano nascendo bambini.
Ospedale St. Mary's – un semplice parto
ma finito su tutti i giornali.
Sparano colpi ad Hyde Park.
Un'altra nascita persa nelle statistiche
su una barca che affonda
tra Libia e Italia
mentre la madre viene raccolta dal mare.
Sparano colpi in Siria ed Eritrea.
Nel nostro ristorante
come dovremmo reagire?
Abbiamo sentito l'allarme
ma non vediamo pericoli.
Nel frattempo
un neonato va a casa.
L'altro è uno dei 600 salvati,
senza casa, in cerca di una casa,
in lutto per quelli il cui viaggio
è finito in mare.
Siamo raccolti
fuori dal ristorante
prima di ritornare
a finire il pranzo.
E oltre tutto
non paghiamo il conto.

Merrill Clarke

Diwan sotto la neve

Stanotte sono il curdissimo Farzad
dal dare e avere della mia nascita al 'niente mano alzata' delle mie
    mani
dall'erezione di due dita, il mignolino & il primo del pugno/furto
tra tutti gli angeli di cinque & cinquanta & cinquantamila &
    cinquantamilioni
la curdissima luna piena della quattordicesima notte

trema il cuore
tremano le labbra secche
trema il piombo del petto della pallottola
trema l'incolore del tuo volto
non hai madre né sorella
né una casa da/in cui tirarti fuori dai casini
non un amico che ti scalci via lo sgabello da sotto la forca
non un grilletto in tasca, fodera strappata,
neanche un sudario in cui essere sepolto, non una casa di sangue,
neanche per sogno   non hai neanche un neanche
non hai neanche la tua stessa ombra
no, proprio no, non
        hai

due occhi-finestra di preoccupazione
tepore di fuocherelli & candelieri dietro ogni
    finestra, sappilo
così che sei preoccupato del balcone
il diwan che andò a dormire sotto le nevi & divenne pazzo
il tavolo che si sedette sotto la neve per non apparire spoglio
la donna che si pettinò di bianco i capelli sotto le nevi
la poesia riversata così pura che la neve perse il suo bianco
la solitudine di unghie incrinate di nero
ferite aperte sotto camicie squarciate

uniche testimoni di zoppi scontri di rivoltella
che correvano in tondo dietro al cavallo di un imam
& finivano sotto qualche carretto-provviste di fruttivendolo

La morte annegherebbe nei propri sudori timidi
questa morte se avesse i piedi fuggirebbe
se fosse umana & avesse una testa la sbatterebbe contro un albero
o come un poeta-sconosciuto formerebbe una balalaika con
l'avambraccio
per strimpellarla nuda sotto la neve
balalaika balalaika bailalaila lailai
      lailalai la lai dai dormi adesso
bimbo mio.

Ziba Karbassi (tradotto dall'autrice assieme a Stephen Watts)

in un sudario di semantica

se continui a parlare
come se io avessi scelta
mentre sto scappando
da ciò che hai creato tu
allora nulla può toccarti
nella tua inerzia
nessuno può farti
accettare le tue mani insanguinate
in questa infame realtà

se continui ad abbandonarmi
su quelle spiagge desolate
braccia lungo i fianchi a faccia in giù
il capo puntato verso casa
allora solo tu puoi piangere
lacrime di coccodrillo
per il bene dei tuoi elettori
adesso che il danno è fatto

se continui a smistarmi
tra questi raccordi senza cuore
per lasciarmi andare nel nulla
frustrato e impaurito
allora ti capiterà
di ritrovarti murato
da quelle stesse ipocrisie
che ti privano d'integrità
e t'infangano il nome

John Mingay

Relatività

Pensi ci sia un divario tra di noi
Pensi che siamo diversi   distinti
Pensi che Newton avesse ragione   che ci scontriamo
      e ci separiamo   ci scontriamo
      e ci separiamo   Ma
questo è il mondo di Einstein   Cento
anni fa   lui ha mostrato come
siamo tutti legati   Io do un colpetto nello spazio
      e tu
        vieni spostato
Pensi che se stai abbastanza in alto
      sei al sicuro   Pensi
che quando cado   la tua orbita
      rimanga inalterata   Pensi
che questa poesia
      sia solo fisica
            Pensaci bene

Tania Hershman

da **La Riverside Commission**

i.
la struttura a forma di "A" tesa forte
contro un cielo familiare

fa' un passo, un inizio

ii.
un canale, un fiume
per un verde corridoio perduto
un segreto mantenuto bene

iii.
un uomo corre su questo sentiero
tra erba e acqua
come un cavallo da corsa febbrile
con paraocchi contro le distrazioni

iv.
un avanti e indietro
un gigantesco mare-altalena a ondeggiare

un dare e avere:
sibilo e gocciolìo del passato

v.
noi che abbiamo lasciato le nostre terre
noi che abbiamo attraversato il nero oceano
noi che sentiamo la mancanza di campi aperti e acqua corrente

cerchiamo conforto in questo richiamo del verde
cerchiamo riposo in questo letto che scorre

Mahendra Solanki

Questa poesia fa parte del ciclo dei *Riverside Poems*, originariamente commissionati da The Riverside Arts Commission (TRAC) ed oggi parte della collezione d'arte permanente del comune di Leicester. Sono stati creati in collaborazione con l'artista Kay van Bellen, che ha prodotto lavori tessili di 6 metri per ogni sezione dell'opera. Il poema poi è rimasto incompleto. I versi descrivono i canali di Leicester: la struttura ad 'A' è la forma del ponte di Holden Street, mentre la struttura ondeggiante ad altalena è quella della stazione di pompaggio Abbey, che lavora per le fognature della città. La stanza di chiusura della poesia si riferisce ai migranti di origine indiana stabilitisi qui dopo essere fuggiti dall'Uganda, e altri arrivati direttamente dall'India: i canali di Leicester vengono usati dagli Indù per gettare le ceneri delle cremazioni, nella speranza che possano trovare la via di casa verso le nere acque del Gange [*Nota del traduttore, su suggerimento dell'autore*].

La cartellina blu

"Qual è il tuo colore preferito?" ho detto.
"Blu," hai risposto.
Ti daremo una cartellina blu, allora… una cartellina blu per metterci
    tutto questo.
Andava in giro con la sua documentazione in una
    borsa di plastica.
Una borsa di plastica che gli hanno dato i fotografi quando gli hanno fatto
    la foto per l'Agenzia di Frontiera.

Una borsa di plastica per le lettere del suo psicologo,
Il suo medico, il suo assistente sociale, il suo supervisore, la Fondazione
    per le Vittime di Tortura.
Non è bello andare in giro con documenti così in una
    borsa di plastica, dicevo.
Ti compriamo una cartellina, una cartellina blu, sistemeremo le cose.

Non hai parlato molto mentre andavamo là, io sedevo con te in silenzio;
    nel tuo silenzio.
Il tuo luogo silenzioso tormentato dalle tue urla,
    mentre ti torturavano.
Dalle urla che senti venire dagli altri, mentre
    vengono torturati.
Da tua madre che piange, dalla corsa che hai fatto con le
    pallottole che ti sparavano dietro.
Dal dolore per la mancanza di tua madre, e tuo fratello,
    e la tua famiglia.
In quel luogo silenzioso sedevo con te, benché non consapevole
    delle urla.
Un luogo silenzioso pieno di dolore assordante.

Vedo il tuo volto non rasato.
Vedo dove il cappuccio ti nasconde perché nessuno possa vederti.
Vedo che ti nascondi dietro un albero, o ti volti nervoso
      quando pensi qualcuno ti senta.
Sento il tremolio nella tua voce, e come a volte
      parli con tono a malapena percepibile.
Sento tutto questo, ma non riesco a sentire le urla che
      hai dentro la testa.

La lettera del medico curante era bella, dicevamo, bella.
15 bruciature di sigarette sul tuo braccio destro, 7 sul sinistro.
Segni sulla parte superiore ed inferiore del corpo compatibili con
      scariche elettriche;
con il venire picchiati con spranghe, e pesanti oggetti metallici.
Una pagina… riga dopo riga.
Descrizioni di segni compatibili con la tortura.
Era una bella lettera, sì.
Ti compreremo una cartellina dove metterla, con tutte le altre,
      sistemeremo le cose.

Seduti nel treno, il sole ti ricorda casa tua.
Casa… un posto che ti manca, casa… un posto dove c'è la tua famiglia.
Casa… il posto dove andavi all'università.
Casa… il posto per cui senti così tanta nostalgia adesso.
"C'è qualcosa che vuoi dirci?" ha chiesto la signora
      al colloquio per la richiesta d'asilo.
"Non voglio andare a casa," hai risposto.

Sedevamo al sole giocando a backgammon, ma quello
      non sistemava le cose.
T'ho comprato una brioche e del succo di mela frizzante, ma quello
      non sistemava le cose.

T'ho chiesto che film ti piacevano e me l'hai detto, e poi
      m'hai detto come ti hanno preso il computer.
Volevo dire che possiamo sistemare le cose…

Una cartellina blu, ecco, una cartellina blu, metteremo tutto questo in una
      cartellina blu.
Il tuo colore preferito, quello sistemerà bene le cose.

Lily Silverman

L'insurrezione della poesia

Le poesie sono in marcia.
Stanno cantando
dalle macerie di Ground Zero,
le rovine di Damasco e Sarajevo,
i rifugi antiaereo di Amiriyah,
i corpi intossicati di Halabja,
dalle bocche dei maschi ammazzati
a Srebrenica.

Le poesie stanno crescendo dai loro sudari
nel fango e nelle trincee
della natura macellata.
Le loro armi sparano papaveri bianchi.
Le loro bandiere sono del colore dell'arcobaleno.
Le loro mani creano gru di carta
sotto gli alberi d'ulivo.
Dalle ossa di generazioni mutilate
fanno crescere germogli di resurrezione.

Ascoltate
voi tiranni, assassini,
fondamentalisti, mutilatori,
stupratori, occupanti,
razzisti, persecutori,
despoti, crocifissori,
fanatici, torturatori, impostori,
mistificatori, manipolatori,
guerrafondai,

silenzianti.

Ascoltate!

Le poesie in tutto il mondo
stanno dicendo
BASTA.

Chrys Salt

il problema con le parole

uno sciame d'api non è adatto
forse una nuvola che ronza
perché dà quel senso di fluttuare
questo con tutto il rispetto per le api
giacché non è loro intenzione far del male
una di queste incomprensioni
quando si prende un granchio
e quello colpisce come una clava
subito diventa reticolato
non essendo il filo spinato sufficiente di questi tempi
anche se le nuvole viaggiano ancora in alto
e fanno vagare verso di loro gli occhi
in teste con troppi problemi per le parole
si leverebbero in cielo se possibile

James Bell

Relativo

Fa freddo sulla bici, e ho dimenticato i guanti.
Al lavoro, i colleghi non stanno facendo squadra.
Ma la furia di un bagliore lancinante

getta uno sguardo dal Mediterraneo
dove schiene rivestite di cotone si schiacciano
contro petti rivestiti di cotone.

La costa è sgombra
e così l'orizzonte.

Roy Marshall

Un viaggio memorabile
Da "The Horse Fair" ("La fiera dei cavalli") di George MacKay Brown

Oggi dovrai scrivere di un viaggio emozionante e memorabile. Ricordati di rileggere il tuo lavoro per controllare grammatica, punteggiatura ed ortografia.

Sono andata alla spiaggia
abbiamo lasciato il cane alla zia per la giornata
mi sono seduta di fianco a mamma, papà e al fratellino
papà ha dato dei soldi all'uomo
la barca era piena
mamme, papà, bimbi e nonni
guardavamo le onde

sentivamo pianti e lamenti
la notte era fredda e ventosa
l'odore di nafta e pesce
soffiava per tutta la nave

l'uomo portava un berretto da baseball
se n'è scappato con la ciurma
mi ha dato una martellata al cuore
i soccorsi! – tutta la barca
s'è rovesciata all'arrivo dei soccorsi –

io mi aggrappavo per le unghie
gli uomini si arrampicavano fuori dall'acqua
qualcuno mi ha gridato
sei morta o viva

la luna era sparita
e mio fratello era sparito
io ero morta ma loro
m'hanno tirata su dal mare
ora sono in questo paese

Uno sforzo lodevole! Grazie davvero per averlo condiviso.

Barbara Saunders

poco prima dell'alba

              il silenzio   è carico del
    respiro di un amante   poco prima dell'alba

   un tempo di solitudine   libertà
  odore d'argilla vergine   selvatici gigli d'un sol giorno

         all'orizzonte   alberi spogli e spezzati
  suggeriscono qualcosa   nulla

James Bell

superluna
la nostra volontà di accusare
su scala mondiale

Helen Buckingham

Epurazioni
(la traversata Mediterranea)
da Seamus Heaney

I miei palmi fanno una barca dove ondeggia una poesia:
Dan Taggart, che annega gattini–
è meglio così per loro, dice
al ragazzino spaventato che ha il permesso di guardare.

Le braccia mi dolgono per il loro peso
e il peso dei rifugiati
perduti nel Mare Nostrum, Our Sea,
mentre guardo il telegiornale della sera.

Onde mi lambiscono nello scafo delle mani,
parole spazzate via dalla pagina riemergono.
Il ragazzino spaventato, annegato dalla vita,
ora fa spallucce alla morte, dice la poesia.

Forse quegli uomini senza nome, che caricano
di paura le loro barche bucate, fanno spallucce anche loro,
gli occhi stretti nelle virate
e nell'inferno e sussulto della vita.

Sento raschiare gli artigli dei gattini
e ne raccolgo uno nella mano, un lucido micione, svelto
come le parole di un poeta, un gatto di nave,
mellifluo, con occhi svegli. Vivo.

Jan Harris

Sbarco a Lampedusa

L'acqua raccolta nelle mani, un palmo dopo l'altro
trascina tutta la sua storia
sulla spiaggia.
Lei è uno scafandro trainato da pinne,
sfregiato da squali e timoni.

Non ha targhetta,
a quella hanno pensato gli squali–
così arriva in una notte nuvolosa
nel mezzo di guerre civili;
quando l'area di sbarco è più tranquilla,
quando meno persone escono a vedere.

Sussulta per il carico
che non vedrà mai in vita,
ma sa che sono più bianchi
della luna che non hanno visto.
Il suo carico si è dimenato
da quando il mare ha smesso di cullarli
e non saranno mai più così vicini.

Perché se mai dovessero incontrarsi
dopo che le conchiglie si sono indurite,
fuori sulle onde
nel lottare per un granchio spezzato;
lei non saprà mai
che sta affamando la propria carne
–solo perché cerca di vivere,
e quella è l'unica cosa su cui i suoi occhi vuoti
nel loro cappuccio di cuoio possono focalizzarsi.

Guarda oltre le piste fangose
di esercito, polizia e ronde di frontiera,
semplicemente raccoglie acqua nelle mani
e si trascina oltre i fari che scannerizzano
questo disastro d'alghe arenate.

Nulla di questo ha importanza per lei,
per la sua pesantezza
quando la luna la esorta ad andare.
Semplicemente raccoglie acqua nelle mani
e si trascina oltre i bikini smarriti, le bottiglie di Peroni
e sandali spaiati
che avevano camminato nei deserti per arrivare qui.

Laila Sumpton

Esodo

Tutta Ramsgate conosce i loro nomi: la Medway Queen,
la Prudential, Bluebird, Sundowner, la piccola Tamzine–
coi suoi ridicoli cinque metri a strappare una vittoria da Dunkerque.
Le luci di Goodwin Sands segnano il loro passaggio–

quei piroscafi, corvette e piccole navi a schivare
mine e maree, bombe e pallottole, e avanti e indietro
trasportavano gli intrappolati su ponti che prima della guerra
servivano uova e prosciutto, mentre le loro ruote di legno giravano.

Naviga per 2000 miglia, 75 anni. Nella traversata da Tripoli a
Lampedusa, affondano quattro gommoni. Viaggiatori riarsi
spiegano che il problema sono i soldi, non l'annegare. Onde alte tre metri.

Condizioni come sulla nave negriera Zong. Barche fragili con nomi
invisibili, spettri degli abissi. Oltre la Trattoria del Porto
batte una bandiera sul fronte del Kent. Scarpe vuote ricoprono il mare.

Danielle Hope

Stoffa frantume intrecciare

Stoffa: tela di fibre
intessute

intessute

tra gli alberi sul ciglio della strada
una trama di testimoni

cucita attorno a centinaia
di manette di città

gracili trecce di speranza

stoffe di frontiera
sventolano

Frantume: scaglia
o scheggia di pietra

Vestìti

ondeggiano al vento
che colma stoffa

vestìti

tremolano nell'acqua
che culla frantumi

vestìti

si strappano con morte
spine che fingono

di essere

mani di persone

Intrecciare: cingere, abbracciare,
contorcere o avvolgere intorno

Davanti

l'intreccio di una strada
una fredda veste di colline

dietro

la stoffa infuocata di una guerra
lo scialle urticante di un mare

davanti

strano cielo di sbuffi di seta

Mark Goodwin

Pedoni

Lo sappiamo tutti chi sono,
gli uomini nella lunga corsia d'emergenza
tra lo Svincolo 5 e il 6,
tra l'ingresso
e la quasi certa espulsione.
Casa è ovunque tu cammini
mentre le loro falcate
lungo la carreggiata ovest
si lasciano prendere
dall'oscillare del cammino.
Autisti, passeggeri,
a solo pochi metri di distanza,
lo sguardo fisso sulla corsia davanti.
Non ci si ferma
sulla loro autostrada.
Aspetta finché la sopraelevata veda,
annunci le sue cortesi ovvietà:
PEDONI SULLA STRADA,
ALBERI NELLA FORESTA,
UCCELLI NEL CIELO.

Hubert Moore

Nevicata

Questa sera alle cinque circa
bufere di neve nel buio
da un cielo arancio tutto il giorno.
Un lampo diffuso balena mentre cade più fitta

fiocchi grandi come palle da biliardo, bianchi
su auto, viali scivolosi, figure
ingobbite, ombrelli, alberi spogli e bus
che gemono verso rifugi di tepore.

Questi giardini decorati di neve evocano
altri inverni, palle di neve nel parco
miseri fantocci logori con nasi cipolla
e berretti flosci; case fredde, e più freddo fuori.

Ma come sarebbe stato amore mio
se avessimo viaggiato tra neve più crudele
ammassati su camion o verso lavori
oltre confine, amaro

pane congelato nella mano, affamati
fino al più fragile dei nudi fuscelli.
Accendo una candela sul tavolo, m'immagino le tue mani–
quanto sono fortunata a conoscerne i contorni,

a guardarle agitar padelle sui tuoi fornelli.
E, sotto travi di legno, mentre affetti
pane e patate, un soffice chiarore di gas
riscalda il paesaggio della nostra pelle.

Danielle Hope

Promesse

Il promotore non aveva dépliant patinati all'incontro.
Al calare del sole sulla Somalia, dipinse
La vita in Inghilterra come bella e facile,
Una casa di proprietà a Bristol, Bolton o Milton Keynes,
Andare al lavoro su un grande autobus rosso, masticare qat al bar
Dove per tutto l'anno il sole
Filtrerà tra le foglie della grande quercia.
La tariffa prevista include ogni tassa, indennità e mazzetta,
Transfer al porto, cabina condivisa e un rapido camion traslochi per Calais.
"Bagaglio escluso." "Ogni bagaglio è escluso." Parlava concitato.
Termini e condizioni previste: 75% in contanti alla mano,
Il saldo in prestito, i famigliari come garanti.
3 mesi a Tasso Zero, poi scatta il Tasso Fisso.
Comodamente decurtato dallo stipendio spedito a casa tramite bonifico.
Al largo di Lampedusa la barca affondò. Tutti annegarono.
Ora scatta il Tasso Fisso.
Sono in corso le misure necessarie per il recupero.

Richard Devereux

Notifica di Asteroide

Stanno arrivando fin qui, a prenderci lo spazio
dicono le stelle, i pianeti
le lune e supernovae.
Non è il fardello delle nane bianche,
piangono le intense stelle giganti che,
accese da centurioni d'anni luce, conoscono
l'oscurità che noi, a bordo di questa pallida macchia blu,
abbiamo avuto da offrire all'universo.
Marte è pieno. Lo spazio è pieno.
Piantatela di sbirciare come maniaci verso i nostri buchi neri,
tornate da dove siete venuti–
ai vostri muri, le vostre guerre, la vostra teoria dell'esistenza
monetizzata.
Non venite fin qui, ma esplorate voi stessi prima.
O altrimenti,
ne risponderete con l'estinzione.
Ogni inadempienza darà luogo
a una Notifica di Asteroide.
Ostili saluti celesti,
Ufficio Firmamenti,
"per uno spazio giusto, sicuro e tollerante"

George Symonds

Chiedere indicazioni

Non dimenticate l'ospitalità; alcuni, praticandola, senza saperlo hanno accolto degli angeli. —Lettera di San Paolo agli Ebrei, 13.2

Dov'è il palazzo reale,
buon uomo, per favore?
Veniamo per vedere il piccolo re
nato da poche ore.

"Non c'è alcun palazzo reale,
signore: non c'è re alcuno.
Siamo un povero villaggio
e neanche ce lo sogniamo."

Dove sono le case dei ricchi
nel loro terreno ben curato?
Veniamo per vedere il piccolo sovrano:
è là che sarà trovato.

"Non ci sono case di ricchi,
signore, in tutta questa città.
In qualche alloggio da povero
il vostro sovrano riposerà."

Dove allora si può trovare il figlio di Dio,
in quale casa o stanza?
"Signore, qui non c'è luogo adatto
per figlio di Dio abbastanza,

ma se mi venite dietro
nella stalla, signore,
potrete vedere Maria mia moglie
con il figlio di Dio e dell'amore."

Sheenagh Pugh

Ave Maria

E avanti così, come un fervido pellegrino, su fino al santuario,
su per tornanti di roccia calcarea, a momenti arrostita
o ombreggiata da ulivi e carrubi, quella roccia.
Poi il selciato si aprì verso la sommità – un pozzo tappato da ruggine
nascosto in un angolo – e dove si faceva piatto
era là in attesa, la porta scura, le bianche pareti piane,
un'onda di tetto in tegole marroni, un rosone incrinato.
Le campane sferragliavano vivaci giù nella città in ombra
con le auto a premere avanti e indietro, sul ciglio del silenzio.
Una farfalla passò saltellante. Un aereo colpì la montagna
ma scivolò fuori dall'altro versante come filo in un ago.
Forzata la maniglia, il cigolio della porta del santuario

e la stanza, grande come una fermata d'autobus, sembrò troppo buia.
Ma eccoli lì,
pronti a darmi la loro benedizione per le mie offerte:
le corone inadatte, scialbe e ridicole,
sempre rovesciate a destra e sinistra;
le dita dell'infante, con le fessure nel mezzo, a stendersi
come un direttore d'orchestra perduto, plasmate con tutta la cura
che l'arcigno dovere, se non il talento, poteva elargire
settecento tranquilli anni fa;
occhi paffuti, labbra che sorridono di un quarto – persino il bimbo
ne sa più di te, anche di te;
e uno spazio nello schermo di plexiglas dove infilo la mano
e percepisco amore irrompere puro da un freddo piede grigio.

Rory Waterman

Ombelicale

Era una Ford '68 verde scuro
qualunque fossero i modelli d'auto al tempo
che si allontanava nel verde della notte
oltre il muro del giardino.

Mio fratello ed io
guardavamo dalla veranda
nostra madre indietreggiare.

Quanto erano onde le sue linee,
quanto si ritirava la sua grotta,
quanto le andava dietro il mio sguardo
ed io mi richiudevo come una busta, perso.

Così tanto di questo dall'altra parte del mare
per così tanto tempo. Quattro e cinque.
Che barche sono queste.

Russell Christie

in viaggio

abbiamo gettato
le cose che erano pesanti
in mare

sono affondate
noi rimasti a galla
vivi

si sono trasformate
in creature di mare
e rimaste sotto la superfice

quando abbiamo raggiunto la terraferma
si sono trasformate
in creature d'ombra

e ci hanno seguiti ovunque

Ambrose Musiyiwa

Addio Terezin

Così la Fortuna ha pianificato la nostra espulsione.
Bussa alla porta d'ingresso con mano guantata.
Non è la prima volta, questa. Ancora ci spostano
verso teneri boschi. Nuovi pascoli. Terra sconosciuta.

Il Fato ci ha sfrattati dalle nostre case di prima.
Ci ha presi a calci, riempiti di botte.
Dentro al campo pensavamo quasi di essere al sicuro.
Adesso la via è incerta. Piene di curve le rotte,

e di svolte. Nessuno sa che succede fuori;
dove sono le nostre famiglie, se i cari sono stati risparmiati.
Siamo diventati deboli. Il solo pensiero di farci dire
il futuro ci fa tremare. Fino a questo punto siamo spaventati.

Rose Scooler (tradotta da Sibyl Ruth)

**I candidati elettorali promettono
di essere duri con le cause del disordine**

L'automobile ben custodita, i padri si recano al loro ufficio ordinato,
Le madri si recano a scuola coi figli indisciplinati

I passeri cercano asilo nel sole ordinato,
Litigano per briciole nella brezza turbolenta.

All'aeroporto, un uomo viene detenuto come sospetto di disordini
        futuri
Da agenti pronti ad assicurargli che in Gran Bretagna vige la
        disciplina

Anche se l'uomo ha paura di uniformi & ordine
& poliziotti & soldati ubriachi e molesti

& ha paura della stanza chiusa a chiave dove attenderà un ordine
        giudiziario
Che può rispedirlo nel disordine civile del suo paese

In un furgone giù in strada che puzza d'ordine,
Automobili dirette in ufficio, madri & figli indisciplinati.

Alan Baker

Questa

Questa è la tirannia, questo lo spavento.
Questo è l'inferno per chi vive il presente.
Questo è l'odio, questo il conflitto.
Nulla è sacro, tutto finito.
Questa è la rabbia, questo il dolore.
Questa è la fame, ma non è una gara.
Questa è la pestilenza, questo il contagio.
Non c'è resistenza se ti trovi in ginocchio.
Questo è il marcio, e questa la gente di fame morta.
Dimenticata quando si taglia la torta.
Questi i bambini che lottano per il pasto.
Questa è la globalizzazione, e questo il costo.
Questa è l'umanità che ha toccato il fondo.
Questa è follia, e questi gli immondi.
Questo è l'assassinio e questo il violentare.
Questo è il fervore da cui vogliono scappare.
Questa è la barca e questa la ruota.
"Ci dispiace molto, è esaurita la quota."
Questo è il vostro grande piano per proteggere il vostro suolo.
Questo è il ragazzino annegato da solo.
Questi sono i corpi lasciati a marcire.
Chiunque sia il vostro Dio, non può che fuggire.
Questo è il vostro potere, questa la vostra gloria.
Questa è l'ora, fine della storia.

Mark Rawlins

Stasera di nuovo

Creta, tarda estate. Prendiamo un pedalò per raccogliere salgemma al largo. Sedici in tutto, chi a bordo e chi nuota affianco. Cominciamo a prendere acqua, sempre più bassi fra le onde. I ragazzi saltano giù, per alleggerire il peso. Un bimbo urla, i genitori scalciano forte per riportarci a riva. Noi non parliamo. Mio figlio si aggrappa come una scimmia, mia figlia mi scruta in volto. Come posso tenerli a galla, assieme al ragazzino la cui madre è rimasta indietro? Arriviamo a casa. Ce l'abbiamo, una casa. Nessuno annega. Ma ho la nausea.

                E stasera di nuovo.

Anne Holloway

In attesa

Quando arrivò il mattino, vide che le persone fuori non erano fantasmi. Si alzò in piedi e, cauta, si diresse alla finestra, per guardare fuori. Ce n'erano più di quanti pensasse. Il loro silenzio l'aveva tratta in inganno. Anche loro erano prudenti. Mani adulte allontanavano i bimbi dalle sue aiuole. Il raccolto di ortaggi per l'anno prossimo era salvo. Un uomo alzò gli occhi e il fagotto che teneva al petto si mosse. Che incoscienti, portare qui un neonato. Lo sguardo dell'uomo incontrò il suo, e dietro quella pazienza lei percepì una spaventosa urgenza. Non erano fantasmi – non ancora. Chiuse la tenda, ritornò alla sedia, e si mise in attesa.

Kathleen Bell

Così tanti in cammino

Uno abortito
e due precoci,
tre schiusi all'alba ma mangiati veloci.

Quattro bisognosi
e cinque negletti,
sei in errore ma mai corretti.

Sette lasciati a riva
e altri otto annegati,
nove marchiati "fasulli" e poi scaricati.

Dieci privi di rotta,
undici di eleganza,
a dodici i giudici respinsero l'istanza.

Venti furono archiviati
e trenta respinti,
cinquanta scartati senza esser distinti.

Cento erano storie
senza il finale atteso,
migliaia distrutte, e un milione in sospeso.

Joanne Limburg

Riflusso

E il mare rinuncerà
all'ultimo dei suoi morti

prima che i media rinuncino
alla corruzione delle loro parole:

immigrato per *rifugiato*,
crisi per *tragedia*.

Neil Fulwood

Squàgliatela

Dovrei
fare attenzione. 'Ste lumache in mezzo alla strada,
mai che si rompano. Buttano
l'àncora, quelle; eccheccazzo.
Veicoli pesanti che superano su un dosso.
Lampeggianti e sirene nello specchietto,
mi vien da vomitare. Tonfi, colpi, urla,

"contanti", ha promesso il contatto locale. Repellente contro lo
sfratto. Magari
    una vacanza a poco prezzo...

"Apri il finestrino. Svegliati."
Un tonfo nel vento, geme la strada,
canta il coro, s'alzano i decibel,
gas di scarico; lo stanno sentendo?
Su la radio. Non si può ignorare
il botta e risposta. Uno strillo,

acido in bocca. Un'area di sosta più avanti. Falli scendere. Si
sgranchiscano
    le gambe...

"Così che qualunque stronzo nel raggio di un miglio potrà vederli?"
Urla stridule, di continuo. Panico che offusca
il davanti e il retro; mani agitate,
ragazzini che fanno il tifo in una rissa
al campo-giochi. Coro. Bene. Non bene.
CONTROLLA. Stavolta sul serio.

"Se sono morti, che si fa col carico?"

Inspira forte. Guida. Prima o poi
arriveremo. Vento? Immaginazione?
Le riflessioni ribollono, svaniscono. Non una preghiera,
un bussare o una supplica; non riesco nemmeno a dirlo.
Però mi sentono. Qualcosa non va.
Fanno silenzio. Se ne sono accorti.

Freccia a destra, accosta. Folle, freno a mano. Spegni motore.

La distanza si stende tra la cabina e il retro. Lotta col lucchetto,
chiave arrugginita, doppie porte, pesanti. Accolto
da due occhi senza vita, volto rovesciato. Spiaccicato,
marcito. Una tomba comune sfatta nel retro.
"Controlla se ci sono sopravvissuti!" supplica il contatto locale.
Occhi negli occhi, gola dilaniata, panino di autogrill,

   non un rantolo di respiro. Donne e bambini incassati in
      uomini morti.

"Buttali via e vaffanculo."
Il contatto indugia, sposta il peso da un piede all'altro;
gambe, gelatina, prendilo, afferralo
per la camicia, tiralo dentro con gli altri.
Spasmo, bispensiero. Fallo e basta,

squàgliatela.

Stephanie Farrell & Shell Rose

Giù alla spiaggia

Se sono neri a calci nel sedere,
Se sono marroni affonda i barconi,
Se sono pallidi allora son sempre validi–
'Valori britannici' che brillano limpidi.
Un bambino morto sul lungomare
Ora per sempre non potrà toccare
Castelli costruiti sulla sabbia,
Una terra calorosa e senza rabbia.
Camion che gli rubano l'ultimo respiro
Scambiando dignità con il morire,
Fortezza Europa li tiene lontano
Mentre politici urlano e sbraitano
D'orde migranti che ci sciamano addosso–
Nutri l'odio, nutri l'angoscia
Di perdere tutto quel che porti–
Fanculo i negri, fanculo tutti.
Hai bisogno della tele e del cellulare
Allora perché non torni al tuo focolare
Dove umanità viveva allora
Invece di stare in questa malora
Dove la vita a un bambino si toglie,
A un figlio, un padre, una madre, una moglie?
Il damerino di Eton rimane inerte
Mentre la gente fa la fila per la morte–
Terrore e massacro i ferri del mestiere…
Che splendidi castelli di sabbia siam riusciti a costruire.

Harry Paterson

Questa poesia non è stata proibita

                Ieri
sei uscito a piedi dalla poesia
                      che volevo scrivere

              Volevo scrivere
dello spazio che hai lasciato
                   ma la tua ombra s'è alzata
e s'è avvolta nella notte, e ti ha seguito
                come fanno le ombre.*

---

*C'era un avviso sulla parete che diceva

È PROIBITO SCRIVERE POESIE
SUI POVERI, GLI AFFAMATI, O I SENZATETTO.
SOPRATTUTTO, È PROIBITO
SCRIVERE POESIE SUI MIGRANTI
CHE POSSONO ESSERE SCAPPATI DA
GUERRA, FAME, TORTURA, TERRORE, eccetera,
O CHE FORSE SEMPLICEMENTE CERCANO UNA VITA MIGLIORE
(IL CHE NON È PERMESSO).
È PROIBITO SCRIVERE POESIE SUI MIGRANTI
PERCHÉ NON È GIUSTO USARE LA LORO VITA IN QUESTO MODO.

E dopo, in caratteri più piccoli

PER CORTESIA, CERCATE DI CAPIRE CHE IL GOVERNO
NON HA NULLA A CHE FARE CON QUESTO.
IL GOVERNO DIFENDE LA LIBERTÀ DI PAROLA
ECCETTO IN CERTE CIRCOSTANZE IN CUI, PER BUONE RAGIONI, È PROIBITO PARLARE.
QUESTO È UNICAMENTE NELL'INTERESSE
DEI SOGGETTI DELLA VOSTRA POESIA
CHE PREFERISCONO NON VENIRE SFRUTTATI
E DEI VOSTRI LETTORI, LA MAGGIOR PARTE DEI QUALI PREFERISCE
NON RICEVERE PREDICHE, LEZIONI O RAMANZINE,
E CHE DI CERTO PREFERISCE
NON ESSERE MAI DISTURBATA.

Kathleen Bell

Il richiamo

Tony Blair è stato riconvocato in Parlamento per rispondere ad alcune domande su dove il suo governo ha sbagliato in politica estera. Si è tinto i capelli di castano chiaro e se li è fatti crescere fino alle spalle. Invece di una cravatta, indossa una camicia coreana. L'aria smunta non c'è più: è quasi ritornato l'hippie di un tempo. Ogni volta che gli pongono una domanda scomoda, fa spallucce, sorride imbarazzato e ammette "non c'ho sempre azzeccato." Il suo amico, Alastair, s'è fatto crescere i capelli anche lui. Seduto al suo fianco, tiene la testa bassa come un adolescente scontroso. Ogni tanto, lui e Tony si fanno l'occhiolino.

Ian Seed

Quote

Se devono proprio, quattromila dei più meritevoli,
quattromila dei più meritevoli
tra i quattro milioni di attuali sfollati;
mille per ogni milione,
dei quattro milioni attualmente accampati
in Giordania e Libano–
quindi, uno su mille;
uno su mille
dei quattro milioni di siriani–
però non gli afghani o gli iracheni
e non gli africani, nessuno di loro.
Se devono essere questi e solo questi,
questi più meritevoli tra tutti i meritevoli
che riempiono i campi – però non quelli
che annegano in mare o soffocano nei camion;
non quelli stritolati sui binari;
non quei bambini trasportati di notte
o trattenuti nelle stazioni di polizia, disidratati, vicini alla morte.
Se soltanto questi pochi – come li sceglieremo?
Sarà questa donna che ha perso casa sua?
O quest'uomo che ha perso le gambe?
Questo bambino orfano e impaurito?
O questo anziano, cieco e ricurvo?
Se dobbiamo scegliere
e rendere le nostre barriere
nuove e massicce porte del paradiso,
chi starà di guardia
al nostro nuovo inizio?
Chi sarà il Pietro
che presidia il cannone?
Chi registrerà
quelli non presi?

I bambini spiaggiati
sulle rive
coi detriti.
Chi li registrerà
come non meritevoli?
Chi ci potrà salvare
quando la Storia
si ricorderà?

Lydia Towsey

Il paradosso dell'osservatore

Ti ci vuole un momento per renderti conto
che l'uomo con due scatole di coltelli
spedito via dal personale di sala
è venuto per vendere

non per fermarsi. Lo guardi
indugiare sulla soglia, senza
decidersi: sinistra o destra
mentre tu ti domandi se questo posto

è il suo centesimo di oggi,
o il primo, o il quinto. Ha
increspato appena la pelle
di questo bar; di certo neanche visto

dalle coppie, dalle chiacchiere
di famiglia. Diventerà parte
del disegno fatto
dal bambino laggiù

con suo padre? Arrivato a casa,
con le scatole intonse, il fatto
che l'hai notato tu farà qualche
differenza? Cos'è una poesia per una persona

con una stanza piena di scatole
e scatole di coltelli
invenduti e indesiderati?

Tania Hershman

L'anno di cui non parliamo

Silenzio radio. Fai un numero che ti sei sognata
in una cabina telefonica, a duemila miglia di distanza,
all'ora consueta. Eleni non sta più là,

ha tirato su tua nipote addormentata dalla culla,
preso la mano del ragazzino e s'è messa a correre,
le chiavi in tasca dimentiche della propria funzione.

La biancheria è rimasta stesa fuori per trent'anni.
Tua sorella maggiore ce l'ha fatta a tornare dal campo profughi
ma non è stata più la sorellona che conoscevi.

Un telefono penzoloni. Un tono di sirena.
Il tonfo dello stivale di un paracadutista.
La colonna sonora alternativa per il settantaquattro.

Maria Taylor

La prima volta...

che mamma ha decorato le finestre delle nostre stanze con
nastro adesivo a forma di lettera X

era il giorno del mio quinto compleanno.

La prima volta che ho sentito il suono delle sirene era un martedì,
    e avevamo appena imparato la lettera G.

La nostra maestra, una signora dal viso rotondo come un impasto, ha
detto:

Facciamo un gioco; allora, quante parole con la G riuscite
    a scarabocchiare stando sotto il banco?

La prima volta che un ronzio ci ha riempito la casa

io non ero sveglia.

In vestaglia mamma mi ha portata in braccio sulla soglia
    dove i pilastri erano più solidi delle pareti crepate

e mentre le finestre eseguivano la loro coreografia e le pareti
    si sgretolavano, io sognavo un mondo dove *guerra* era solo
    una parola scarabocchiata sotto un banco di legno, e desideravo
    un'altra prima volta.

Jasmine Heydari

Noi arriviamo in camion

Lei usa lo scialle come bandiera,
e non ricorda da quanto tempo
sono in attesa alla stazione,

appoggiati ai lillà malconci
fioriti sulle fogne a cielo aperto.
Le hanno detto che da un'altra parte

del mondo, la gente neanche
rende grazie prima di cena. Mangiano minestra
e carne nello stesso pasto.

Non è kohl quello attorno agli occhi;
sono tracce scure d'insonnia.
Notti passate sotto il tetto di lamiera spezzata.

Sa che dovrebbe dare acqua al suo piccolo,
ma gli orfani che hanno bevuto
dal fiume sono tutti scomparsi.

Il monsone ha macchiato l'unica fotografia
di suo figlio quando era ancora in grado di sorridere.
Lo ha trasportato fin dall'altro versante della montagna.

Sally Flint

Il bacio

Il cartellino col nome appuntato al cappotto invernale,
col tepore del bacio ancora sulla sua guancia arrossata,
in un caldo mattino di settembre
lei ha visto sua madre andar via a piedi.

Per tutto il giorno hanno oltrepassato un flusso continuo
lungo il binario di periferia,
insegnanti con fascia al braccio,
altoparlanti al posto
del mormorio precipitoso
della voce di sua madre.

Le imposte chiuse,
nel caldo sudato tra le fievoli luci blu,
gli occhi le tremolano nel buio,
deviati da una stazione all'altra
nel profondo di un paesaggio straniero.

Stavano nel municipio del paesino
circondati da una folla impaziente
in attesa dell'inizio dell'asta.
Lo stomaco che le brontolava
a ogni bambino che scivolava via
nell'oscurità.

Porte aperte e richiuse
finché non si erano accasati tutti,
si è ritrovata nella cucina di uno sconosciuto
le mani aggrappate alla sua borsa,
consegnandosi a strane voci e volti.

Rileggendo quelle prime lettere,
scarabocchi precipitosi
senza alcuna notizia di casa,
cullandosi la bambola in braccio,
si ricordava del tepore
di quell'ultimo bacio.

Ha vagato lontano dal ricordo della madre
abbandonata dalla guerra e dalla sua famiglia.
Il bacio di sua madre sempre più lontano.

In piedi da sola
sul sito della sua vecchia casa,
macerie, alcuni mattoni, una padella,
un vecchio cuscino rimasto sotto.

In piedi da sola senza alcuna traccia
di ciò che s'è lasciata dietro quel giorno,
quando stringeva la mano di sua madre.

Emer Davis

L'invasore

Il suo bel faccino incorniciato dai capelli neri
splende come una perla sulla spiaggia
gli occhi vitrei di paura aperti
le labbra schiuse di un blu morte.

Le chiare acque blu del Mediterraneo
gettano a riva questa piccola invasione.

Nasrin Parvaz

Tracciamento

Le linee sono ghirigori attorno a Donegal
così la mia matita va lenta mentre seguo la costa
oltre Dunkineely, St John's Point e fino a Killybegs.

Philip O'Riley vaga in giro, scruta nei calamai,
un orecchio agli altri "belli e luminosi" in cortile,
lasciando in pace noi cattolici.

Le scogliere di Slieve League non sono più facili, minuscola lacrima,
il pennino stride, ci vuole una vita per andar oltre
Belfast e giù alle Montagne di Mourne,

poi a Dublino e finalmente Dun Laoghaire.
Philip si avvicina, chinandosi: *Cocco del prof*;
mentre dal cortile sento "tutte le cose sagge e meravigliose",

il che mi ricorda in qualche modo del sabato sera con zio Mick
e zia Mary che fanno uno spettacolo sacro, a strillare le canzoni
all'Emerald Club, anche se non vorrebbero ritornare, non adesso.

Marilyn Ricci

Tra gl'inferi e l'abisso

Metti tua figlia
sull'acqua scura scura, madre:
ha i piedi piagati dal correre.

Ogni sentiero è un pericolo, madre.

Allora mettila sull'acqua fredda, profonda,
scura scura.
È solo un altro sentiero.

Diane Pinnock

i sopravvissuti sono un peso come i pomodori che raccolgono

Helen Buckingham

La grande casa

Questa è la casa in cui vogliamo vivere,
con file di finestre ed imposte.
Una veranda per impregnarsi di tramonti,
giardini che si gettano fino a una spiaggia dorata.

Questa è la casa che vogliamo condividere,
con vivaci pareti di stucco;
un campanello che suona Au Clair de la Lune,
turbini di camelie al portico d'ingresso.

Questa è la casa che vogliamo avere,
le stanze così grandi da correrci dentro,
o attorno ai pianoforti, o ai letti a baldacchino.
Bagni spaziosi dove si può camminare.

Una casa con piscine e terrazze,
per le serate quando si ritrovano gli amici
con grigliate di bistecche ruspanti,
e si parla di vino d'annata delle cantine.

Questa casa senza fine, con attici ed angoli
dove i ragni possono restare, senza mai aver paura
di morire calpestati, o intrappolati in vasetti.
Tappeti colorati da parete a parete.

Un posto dove il sole trova i nostri volti,
e i vicini condividono frutti dagli alberi, col sorriso.
Questa è la casa dei nostri desideri, senza bisogno
di recinzioni. Casa di cui abbiamo tutti una chiave.

Sally Flint

La nave affonda

Finalmente raggiunta la costa,
e spuntano i primi sorrisi,
ma rimbalzano come boomerang
quando ci respingono ancora,
ancora, ancora, finché la nave
non può reggere il peso
la speranza nelle nostre mani,
la corda attorno al cuore
che si tende sulle acque,
le àncore nella pancia
in attesa di un dolce sollievo
che non si mostrerà mai.

                        Da dove vengono?
Quei sorrisi cascano come banane
dagli alberi, luoghi dove si va liberi
                –i confini sono chiusi
                    qui, dove ci vantiamo
della libertà di parola. Ancora, ancora
            ancora, accogliamo rifugiati, ma
                 la terra si sgretola sotto
                il peso di false promesse,
prigioni sovraffollate e io voglio
          stendere la mano per non farli
affondare, ma, seguendo gli ordini,
                          non posso.

Carmina Masoliver

Al sicuro

Qui,
in questo posto, il posto mio,
un posto verde, un posto tranquillo,
sentirai voci di bambini,
voci felici, tutte prese dal gioco,
le femmine in maschera, i maschi giocano alla guerra,
guerra felice, come stelle del cinema.
Sono liberi di vagare, le madri
non si preoccupano.
I padri al lavoro, i nonni badano a loro,
li prendono a scuola, si siedono
sulla soglia, fumando tranquilli.
Gli alberi ondeggiano nella brezza.
L'autunno li fa ardere di rosso,
giallo, marrone, alcuni restano verdi.
I merli cantano nelle sere di primavera.
I gatti si rotolano nella polvere, i cani
portati a passeggio, strillano le galline.
Noi mangiamo, beviamo, dormiamo, facciamo l'amore,
andiamo a correre, a nuoto, in vacanza.
Alcuni di noi coltivano frutta e ortaggi.
Nessuno ci dice che dobbiamo fare,
ci urla addosso o ci controlla.
Le nostre case sono rimaste in piedi per anni.
La nostra Storia è qui intorno a noi.
Il nostro futuro può dirsi al sicuro.
È qui che resteremo, oppure no.
Siamo liberi di andare e venire.
Non crediamo di essere speciali,

siamo comuni esseri umani,
di qui, di là, di ogni luogo.
Proprio come voi. Proprio come voi.
Alcuni di voi, da altri paesi
ci guardano. Quel che vedete vi piace?

John Ling

Io e la guerra

Siamo molto simili, Norman
Nonostante tu sia un personaggio virtuale
ma una volta mi rispecchiavo in te
leggevo tutto il mio dolore quando tu piangevi
e la guerra mostrava le sue orribili tette da puttana deturpata.
Siamo molto simili amico mio
Entrambi mettiamo un romanzo rosso e una granata nella nostra sacca militare,
entrambi non riusciamo a guardare un gatto morto e ci chiedono di Combattere!!
Hai sentito, Norman?
Lo schianto delle costole sotto quel pazzo carrarmato!!
Non suona come la voce di Emma quando canta…
Non suona come il ritmo che cantavi prima di infettarti con il fango della guerra o prima di vedere il corpo di Emma morta fra cumuli di detriti…
Norman,
Nonostante tu sia un personaggio virtuale, hai condiviso con me quegli incubi orribili…
Abbiamo condiviso la vista di atrocità sotto i nostri occhi…
corpi impiccati di donne e bambini morti…
e tutta quella gente in cammino di propria volontà verso la morte…
città a fuoco, fiamme, e bambini divertiti di fronte a quell'orrore…
e fame, fame, fame!!
La fame che costringe ragazze a prostituirsi e anziane a nutrirsi di cavalli morti bruciati!
È la guerra, amico mio…

È il verme che divora lunghe ore d'amore, sicurezza e bellezza in un momento!
Forse... leggevo la mia storia in te, mio sconosciuto amico!!
Forse siamo una persona sola, Norman,
perché entrambi abbiamo sogni, canzoni (metà delle quali militari)
sotto i nostri militari elmetti, ed entrambi vorremmo non esser nati in tempo di guerra!

Ammar Bin Hatim

Yalla

All'ombra di rocce sgretolate,
la sabbia fresca che scorre fra le dita,
l'attrazione della luna a scolpire
il ritmo che mi serve per penetrare
le tenebre, annuso l'orizzonte,
assaggio i futuri. Mi accovaccio
per prendere con mano la morbida mano
e lei domanda calma, chi sente?
Chi vede? Ci toccherà, la terra?
La notte si ripiega su sé stessa. Ovvio, rido io.
Le stelle ascoltano, la luna vede,
nuova terra ci troverà. Yalla!

Tuttavia un'altra alba,
mento sul petto, costola a costola, la mia
ultima figlia mi si accuccia in grembo,
esposta a un firmamento tutto
intento a premere fino in fondo
il nostro respiro condiviso. Alzo
il palmo con le sue linee, mi rinfresco la fronte,
dita rugose ad accarezzare sogni,
tutti residui in disaccordo con le maree.
C'è qualcuno che si sintonizza con le stelle?
A chi importa quel che vede la luna?
Verrà incontro, la terra? Yalla. Yalla!

Trevor Wright

Le lattine di minestra di Andy Warhol

Ritratti della fame appesi
Ai volti di bambini
Nelle città e metropoli del Donbass
Un paesaggio scarabocchiato da feroci cecchini

Una madre potrebbe disegnare un cesto di frutta
E portare in vita quella natura morta con il desiderio
Se un'immagine potesse chissà come farsi reale
Che sia quella di Andy Warhol, delle lattine di minestra

Andy Szpuk

Insediati

1
Gettati in un secchiello azzurro, da due manine
tanto tempo fa, conchiglie portate dall'acqua su un'altra riva,
ciottoli, esemplari raccolti a mano, se ne stanno tranquilli

in un grigio mattino del Nord. Comuni
conchiglie di forma perfetta, sassi rosa e grigi
levigati dall'acqua, striati di bianco e bruno,

quarzo e giaietto immobili.
Come risplendono nell'umida aria fresca,
portati qui in un viaggio di sola andata.

2
Uomini e donne, tirati via dal letto,
scartati oltre fragili confini
e messi a sudare,

a lavorare sul raccolto di altri,
impossibilitati a spostarsi, né Est né Ovest,
bloccati nelle scarpe in cui stanno,

ora a riposare in una nuova terra
di pane e arance, incapaci di esprimere
una qualunque cosa sulla loro casa a metà strada.

Mary Matusz

Poesia

L'officina è stata costruita tutta con il solo scopo di fornire sistemazione a questa unica residente e ai suoi addetti, circa cinquanta lavoratori a martellare come ossessi i fogli di rame per completarle la chioma
— Daily News, *Londra*

È l'autunno 1875
e i lavoratori parigini scolpiscono un dono
per una Repubblica sorella. Fanno galleggiare

dita delle mani, dei piedi, sopracciglia e naso di rame
in casse attraverso i Narrows
del porto di New York

scaricano le membra della Libertà
su un piedistallo di cemento
posato da immigrati italiani.

Madre degli Esuli, racconta
una storia più vicina, fraterna;
come Lady Libertà lasciò Leicester City

appena passato il Millennium
per posarsi su un alto piedistallo
al di sopra di una rotonda.

Chi si prende il disturbo
trova la gelida torcia della Libertà
quasi la sosia di un cono gelato

nella brezza artica
di Upperton Road
sulla cima di cinque blocchi di cemento

e una lapide di Thomas Paine
Quando gli uomini rinunciano al privilegio del pensiero,
l'ultima ombra di libertà scompare all'orizzonte.

Lavoratori francesi risalirono
per la suola destra rialzata
del piede della Libertà

per estenderne la portata.
Che il povero Tom conservi
la virata del pensiero

quando i diritti cadono, alienabili;
e lui, lei, loro, noi
respingiamo o siamo respinti.

Simon Perril

La poesia accosta la storia della Statua della Libertà con una sua copia in scala ridotta che, dal 1921 al 2003, è rimasta sul tetto della fabbrica di scarpe Liberty di Leicester, cui ha dato anche il nome. Nel 2008, dopo la demolizione della fabbrica, la statua è stata riposizionata in una rotonda vicina al sito originale, all'incrocio tra Upperton Road e Western Boulevard, con una lapide recante la frase di Thomas Paine qui citata [*N.d.T.*].

Essere umano

Digito su Google: "Che cos'è un essere umano?"

Do un'occhiata ai miei umili dintorni; c'è un'aria di benvenuto. Gli assistenti sociali sorridono, e anche l'addetta alla reception. È un centro per richiedenti asilo e rifugiati. Qui ci chiamano per nome, non con un numero. Google brulica di definizioni: 'Homo Sapiens, distinto da altri animali grazie a sviluppo mentale superiore, linguaggio articolato e posizione eretta.' Mi guardo intorno: tutti qui rispondono a questa descrizione. Cerco un post scriptum, 'ma se richiedi asilo allora cessi di essere umano, perdi tutti i diritti umani e dunque sei soggetto a trattamento disumano.' Fiuuuuu! Niente...

Swan

Quando regna il rancore

Quando regna il rancore nelle nazioni
io scelgo, senza rimpianto,
di essere un rifugiato
tra i patrioti.

Thomas Ország-Land

Per favore abbiate cura di quest'orso

In un parco di Budapest oggi
gli orsi si sono svegliati soli
solo un calzino spaiato e una carta di caramelle
con cui ricordarsi dei propri custodi.

Polvere, sale marino e sabbia
incrostano le zampe claudicanti
le braccia fiaccate dal tanto camminare
cui le loro cuciture cinesi
non li avevano preparati.

La pelliccia color rosa, miele e cacao
si sta sbiadendo sudicia per tutto
quel che hanno sentito, cui hanno fatto da cuscino,
prima di lasciare orecchie sul filo spinato
al confine con la Serbia.

Le loro morbide etichette con tenui istruzioni
sono state attorcigliate tra dita
in linee allungate all'infinito
per poi tornare indietro, finché non è rimasto nulla
riguardo al lavaggio a mano a 30 gradi
e al non mettere mai poliestere in asciugatrice.

Nulla in queste avvertenze
sul tenere tutti gli orsi
a distanza di sicurezza da gas Sarin,
barili bomba e granate.

Gli occhi cuciti e ricuciti
dagli orli di molte madri
per impedire al mondo più piccolo di crollare
e ora loro guardano fotocamere
catturare il parco all'alba
mentre sussulta l'ultimo treno.

Gli orsi osservano tutto intorno
attraverso schermi e carte
circondati da titoli di giornale
che strillano panico e pietà
sforzandosi per vedere
dove sono finiti i loro bambini.

Laila Sumpton

Ouverture

Benché le stanze che occupo io siano diverse,
Il cottage a Canterbury ingombro di libri,
L'alloggio in Blackstock Road che vibra
Al passaggio di autobus fino a notte fonda,
Benché le stanze in cui vivo io siano diverse,

C'è sempre la notte talpa cieca senza
Sonno, senza via d'uscita dal guazzabuglio del tempo,
Mentre la luce bassa si leva pronta,
Fattiva come una domestica venuta per buttar
Via ciarpame e croste indurite di ieri,

Il che è motivo incompleto dell'andar avanti,
La parola *fioco* nel suo senso più negativo, così scaltra
Che allora diventa uno scivolare ritroso di battiti d'ali,
Si fa foschia per liberare sensazioni fluttuanti di speranza
Per fratelli e sorelle in tutto il globo.

Al fianco di lavoratori in fila per l'autobus al Cairo,
Al di sopra di mendicanti supini alla stazione di Dakar,
Seguendo sguardi che contemplano il cielo dalle cucine di Jenin,
Raschiando la fronte solcata del Mediterraneo per avvistare terra:
Il termine del confine come fulcro di rovesciamenti,

Fraternità precoci, ricordi di poesie,
'Westminster Bridge' di Wordsworth, 'Ebrezza d'alba'
Di Kosztoláni, augusta la bacchetta sospesa
Per dar musica al silenzio che chiamiamo risonanza, chiamiamo
Perché la mortale assenza di suono è,

Un cimitero di sporcizia, pietra, bruni fiori sparsi,
Sul quale si levano ombrelli di luce dorata,
Comunque offrendosi, nello stesso modo in cui io amo come
Quella parola *arrendersi* frena, si frantuma, sprofonda
Fino a cedere, e accoglie mare incessante.

Caroline Rooney

Il mio vicino

Il mio nuovo vicino, Ahmad, sembra un tipo ok.
Fa il volontario per Age UK, mi fa vedere foto
della moglie con i figli, mi parla del gruppo
in cui suona, di come spera
di sfondare. Poi stamattina

mi dice che è un rifugiato. E lo sappiamo tutti
che sono illegali. Lo sappiamo tutti
che arrivano a sciami, ondate, flussi,
spazzano via il nostro servizio sanitario,
ci prendono donne, case, lavori.

Allora com'è che Ahmad sembra
un tipo OK, ed è un rifugiato?

Richard Byrt

Giorno di mercato

L'uomo in città che è ancora arrabbiato con l'autista del bus
che controlla se è ammaccato ogni limone al mercato
che ha sentito la previsione di terreno buono/morbido per l'ippodromo
che ha la tasca strapiena di ricevute di scommesse
che ignora e non dà monetine al suonatore ambulante
che ha viaggiato per l'Europa con una fisarmonica Weltmeister
che guarda la pioggia raccogliersi nel canale di scolo
che ha imparato a suonare *sevdalinka* da suo fratello
la musica della nostalgia, che si ripete ancora e ancora.

Maria Taylor

Non oltre

Nudo in piedi nella capanna di bambù
io sono mio padre. Si fondono le nostre lentiggini,
arrossiscono i nasi, i nostri capelli s'imbiancano come sabbia.

Lui è in marcia nell'Arakan, gli amici
cadono al suo fianco, muoiono in silenzio–
Jamchapel (Honeychurch), Windy (Breeze), Oscar (Wild).

A 74 anni mio padre combatte battaglie in pigiama.
Si risveglia sul pavimento della sua camera.
Un bombardiere Lancaster dipinto su un piatto di porcellana

risale per la fragile parete.
Lui è in marcia, il sudore raggrumato in fronte,
il naso che luccica. Il suo squadrone s'infiltra

in una piantagione di tè, un uomo è invitato in casa per farsi un bagno.
Mio padre siede nudo in una vasca di latta.
Io mi rovescio acqua sulle spalle,

fino a gradire la lama liquida lungo la schiena.
La spazzola non mi tirerà via dai piedi il sudicio,
che fa le righe sulle unghie come kohl.

Dovrei lavarmi prima i capelli o il secchio di vestiti?
La latta d'acqua è mia, per spruzzarmi i sandali,
sgocciolarmi sulle gambe, sbollire la calura.

Fuori, un soldato si poggia il fucile
lungo le spalle strette.
Stanotte pattuglierà il campo.

Dopo le nove non mi spingerò oltre la mia capanna
con intrecci alle pareti e il tetto di foglie ripiegate.

Chrissie Gittins

Mancanza
per Shahin Memishi

Sta mantenendo in vita
il proprio linguaggio, le sue soavi
consonanti, le vocali fuggevoli

e il colore rovente
della terra nel suo paese
i suoi cieli bruciati,

qui dove è sempre
grigio e verde, grigio e verde,
lo choc delle bombe

soffocato dalla neutralità
e la gente sorride
senza guardarti negli occhi

per paura di prendere fuoco.
Anche lui ha timore,
ma solo di dimenticarsi

il desiderio. A volte
è un bene sentire mancanza, dice,
provando i suoni duri.

A.C. Clarke

L'ultima pioggia di stagione

Ogni sedia vuota salutata
con quella specie di tocco
riservato al cavallino dell'infanzia

Pennelli di pittore infilati
in un vecchio vasetto del miele per farli rifiorire

La chiave è pesante
Pesante e fredda
Lei volta i pensieri
verso la luce che batte alla finestra
per avere accesso o perdono
e con una preghiera
si rimette in sesto per un altro giorno

Una lumaca sul gradino di casa
Gentile, proprio così gentile, lei la allontana

Kevin Jackson

Tutti vogliono fare film su di me

Vogliono raccontare la mia storia.
Vorrei raccontarla io, la mia storia.
Vorrei raccontare la mia storia a modo mio.
Non so cosa tu intenda con 'subalterno'.
Non ho mai desiderato un grado militare.
Non sono al di sotto degli altri che hanno un volto umano.
Non sono al di sopra delle balene e delle tigri.
Non so cosa tu intenda con 'nuda vita'.
La mia vita mi sta a cuore.
Mi è cara sia dentro una tenda che fa acqua sia ch'io viva in un
    villino.
O in qualche sala d'attesa.
Perché non mi domandi di quel giorno, quel giorno
Quando stavo a faccia in giù in un campo di calendule in alto, oltre le
    pianure costiere,
O quella notte, quando le stelle erano grandi e fitte, prima che mi
    mettessero a fare il soldato…
O perché non farmi solo domande sul tè nero zuccherato e sul
    formaggio di capra?
O chiedermi del motorino che ho lasciato a casa.
Ti ringrazio per l'offerta di scrivere una poesia su di me.
Spero che mi perdonerai per quel poco che ti ho inviato.
Io, domandi? Vorrei girare un film, per snocciolarti
Il nocciolo del posto da cui vengo.
Vedrai. Non sarà la stessa cosa delle parole su di me.

Caroline Rooney

Stirare le pieghe
da una colletta di vestiti da uomo usati

Posati in un mucchio,
buona volontà un po' macchiata
diretta ai disperati
da Sri Lanka, Siria,
Iran, Somalia, gli uomini
detenuti. Possono i vestiti
ricordare? Gli si può
rammentare come prima
venivano indossati, levati,
cambiati per scelta? Mai più
scelti ora, questi qui ammassati
in borse di plastica. Voglio
provarci però, provo a stirare
una camicia un tempo costosa
così piatta che ogni manica diventa
un modello per un braccio
da ciondolare con agio avanti
e indietro, in libertà. E poi per
quei pantaloni sgualciti, chissà di chi,
ma abbastanza buoni, stirerò
le gambe fino a farle croccanti,
le pieghe affilate come lame
a star su da sole, con scarpe
lucidatissime magari, e faccio passi
così spicci e strepitanti
che sbarre e barriere di detenzione
s'alzano per farli passare
e non si pronuncia parola
che non sia Signore.

Hubert Moore

In verità avevo paura
Stazione Keleti, Ungheria
2 settembre 2015

Alla stazione Keleti veniamo affrontati da nugoli di uomini
adornati di nero, occhiali scuri, teste rasate, braccia conserte,
mani pronte sulle armi, e il nemico dove sta?

Siamo noi, appena sbarcati col biglietto nella mano?
No, non siamo noi. Ma siamo nervosi quando la polizia –
militarizzata, distopica
– ci recinta, blocca i normali percorsi.

Ma ancora non riusciamo a localizzare il nemico finché non notiamo
una serie di gradini e al fondo una grata
e dietro di questa, in una luce cinerea, gente in gabbia.

Il solo vedere sembra proibito e in quell'atmosfera
– la potresti tagliare col coltello – di compressa
violenza noi eseguiamo gli ordini, ci mettiamo in cammino ed
usciamo.

Fuori moltitudini di gente accalcata, condannata
all'asfalto, i giovani in protesta.
Poi scendiamo nella metropolitana che ospita

la gente rinchiusa, girandole attorno a piccoli passi.
L'odore è di paura e sudore e non c'è traccia di bagni.
E tuttavia i bambini giocano.

Joan Byrne

Cornici

La mamma si copriva sempre la testa
prima di uscire di casa;
e, ovviamente, nel nostro luogo di culto.

Cotone, a volte chiffon o stampato:
Saluti da Skegness, incorniciava zigomi
pronunciati, appiattiva riccioli ribelli.

Sua mamma portava un cappello, persino per il tè,
sua nonna, un lungo scialle di lana
raccolto da una spilla sotto il mento.

Oggi, una nuora nel negozio di paese,
l'hijab a incorniciare grandi occhi castani.

Marilyn Ricci

Uccidere

Guardando suo figlio giocare
i ricordi gli invasero la mente
di quando, senza lavoro e disperato
si era arruolato nell'esercito della Blackwater.

Strinse suo figlio,
mentre gli occhi dei giovani che aveva torturato e ucciso
gli balenavano in mente, minacciando vendetta.

Nasrin Parvaz

Un giretto sul carro del fieno

"Mi sembra d'essere un rifugiato," dice il mio amico
mentre ci appoggiamo sul lato del rimorchio
dietro il trattore.

Non dico nulla, ma immagino una paralisi
dovuta allo choc, l'ombra della paura
cadere tra queste balle di fieno sparse

e i nostri figli siedono, tremolanti ed ansiosi
sotto il raschiare dei jet e le loro scie, mentre dietro di noi
tutto va a fuoco.

Roy Marshall

Da un'isola del nord Atlantico
~~Un sonetto spezzato, da Barry Cole~~

Nessun… è un'isola, ma questa..
~~Siete venuti nel posto sbagliato~~
Non aspettate che la marea….
~~La nostra gente sta meglio senza di voi~~
Noi non…….. che questo…… è di… … creazione
~~Trovatevi un posto a cui importi di più~~
Noi….. a lavorare verso una ………… soluzione
~~Non provate a umiliarci, noi non molleremo~~
C'è…. e ci sono….. perché possiate…. In
~~Se quegli inetti dei nostri poveri donano il loro cibo, è un problema loro~~
Dovete capire che siano un……… solidale
~~Ma non scambiate la compassione per premura~~
Voi…. … da soli quando è ora di andare
~~Se smetteremo di bombardare casa vostra, vi faremo sapere~~

David Belbin

Figli della guerra

Ogni figlio della mia terra soffre i tormenti della guerra.

Ogni figlio della mia terra succhia latte misto a paura.

Fa male, fa male la pistola al mio fianco:
il tuo regalo, Padre, il giorno prima che ti ammazzassero.

Mi hai detto che la tua pistola sarebbe stata la mia migliore amica.
È rimasta con me ogni giorno e ogni notte. E ancora

Ogni figlio della mia terra soffre torrenti di guerra.

Ogni figlio della mia terra succhia latte misto a paura.

Malka Al-Haddad

Dislocazione

Passano i giorni

diventano
un unico lungo giorno
fuggono le parole–

montagna salute sale

ombre
riecheggiano come treni

Le notti sui treni

diventano
un'unica lunga notte
volano le parole–

passaporto passeggino diritti

In attesa alle frontiere
come uccelli
su trespoli precari dove

ombre
riecheggiano come pioggia

puzzano come angoscia

Pam Thompson

Nell'obiettivo

si ferma un autobus
la folla si lancia in avanti
una frenetica calca impetuosa

Zoom avanti…
    braccine aggrappate
        al collo di un uomo
    una signora fragile e anziana
        issata a bordo
    l'appiglio di una mano
        si spezza

Campo lungo…
    scompare l'autobus
    si riassesta il campo di fortuna
    s'affievoliscono luce e speranza

Zoom indietro…
    bottiglie d'acqua vuote
    disposte in circolo
    e tre coperte
    due piccole e una lunga
    piegata in una tenera curva
    a fare una perfetta faccina sorridente

Liz Byfield

Respirare da una fissa dimora

Sbatacchiati come dadi
screziati dal terrore
ogni giorno ne arrivano sempre più

Stringendo le mani
al cuore
spinti attraverso il tuo schermo

intrufolati in barche
dicevano le cronache
danzando oltre le fiamme

incaprettati in spartizioni
radunati su e giù
per lo scenario

appellandosi al nostro dovere
di preoccuparci del loro dramma
avviluppati in forme spettrali

galleggiando in un vicolo cieco
di proiezioni infrante

invece del semplice respirare

respirare

respirare.

Andy N

un unico paese

        casa nostra
        è un unico paese
        davvero, la terra intera
        può essere un posto per loro
        diteci, se voi potete, dove altro
        dovremmo andarcene se arrivano?
        loro non appartengono alla nostra terra
        dovreste vergognarvi quando ci dite che
        dobbiamo capovolgere il nostro punto di vista

        dobbiamo capovolgere il nostro punto di vista
        dovreste vergognarvi quando ci dite che
        loro non appartengono alla nostra terra
        dovremmo andarcene se arrivano?
        Diteci, se voi potete, dove altro
        può essere un posto per loro
        davvero, la terra intera
        è un unico paese
        casa nostra

Rod Duncan

e il mare restituì i morti che esso custodiva
Apocalisse 20:13

privilegi godano di quelli quanto me soffro io attorno a grandi immensamente
io quanto di grandi a me privilegi godo attorno immensamente soffrono quelli
privilegi a me quelli quanto attorno io di grandi godo soffrono immensamente
attorno grandi quanto soffrono privilegi io godo di quelli immensamente a me
a me immensamente quelli quanto soffrono di grandi godo io attorno privilegi
quelli soffrono a me godo attorno immensamente di grandi io privilegi quanto
attorno a me grandi soffrono immensamente io godo di quei privilegi quanto
godo di privilegi soffrono quelli attorno a me immensamente grandi io quanto
a me quanto di grandi privilegi quelli immensamente io attorno soffrono godo
quanto quelli attorno a me godono di grandi soffro io privilegi immensamente
quanto io soffro di grandi privilegi quelli attorno a me godono immensamente
quanto io godo immensamente quelli attorno a me soffrono di grandi privilegi
quanto io soffro immensamente quelli attorno a me godono di grandi privilegi
quanto io godo di grandi privilegi quelli attorno a me soffrono immensamente

Daniel O'Donnell-Smith

Al confine

Un uccello frulla
attraverso l'aria, incurante
del filo spinato.

Un uomo scappa,
ma resta intrappolato
dalla recinzione.

Una falena notturna gioca
tra i fanali,
poi se ne va.

Una bambina s'aggrappa–
si fida,
ha fede.

Un verme si spinge
attraverso la terra,
dissolvendosi.

Alison Lock

Autori

[in alcuni casi, dove necessario o su richiesta dell'autore, queste note bio-bibliografiche sono state aggiornate per l'edizione italiana.]

Malka Al-Haddad è un'accademica irachena che vive in Gran Bretagna dal 2012. Fa parte della Union of Iraqi Writers, è direttrice del Women's Centre for Arts and Culture in Iraq, e attivista per Leicester City of Sanctuary.

Alan Baker è cresciuto a Newcastle-upon-Tyne e vive a Nottingham dal 1985, dove dirige la casa editrice di poesia Leafe Press. Tra le sue ultime raccolte di versi, *all this air and matter* (Oystercatcher) e *Whether* (KFS).

David Belbin è noto soprattutto per i suoi romanzi e racconti: in Italia sono apparsi i gialli per ragazzi Mondadori *Fabbricanti di nebbia* (1992, trad. di Angela Zanotti) e *Naziskin* (1997, trad. di Sandra Grieco), e il thriller *L'inedito di Hemingway: Un intrigo letterario* (Isbn 2010, trad. di Silvia Rota Sperti). Pubblica anche poesie, una o due ogni dieci anni, dal 1975. Tra i suoi ultimi romanzi, *The Great Deception* (Freight Books).

James Bell è nato in Scozia e vive in Bretagna, dove lavora come saggista e fotografo per una rivista in lingua inglese. Ha pubblicato due raccolte poetiche: *the just vanished place* (2008) e *fishing for beginners* (2010).

Kathleen Bell è stata finalista del premio Saboteur con la sua plaquette poetica *at the memory exchange* (Oystercatcher 2014). Vive a Nottingham ed insegna Scrittura Creativa alla De Montfort University.

Ammar Bin Hatim è nato a Kirkuk (Iraq) nel 1978. La sua prima raccolta di poesie, *Ramad Al-Teen*, è stata pubblicata al Cairo nel 2013. È anche un artista.

Helen Buckingham ha pubblicato raccolte poetiche che includono *water on the moon* e *mirrormoon* (Original Plus Press 2010), *Armadillo Basket* (Waterloo Press 2011) e *sanguinella* (Red Moon Press 2017). Ha la fortuna di essere nata con un tetto sopra la testa a Londra, e di continuare a vivere alla stessa maniera a Wells (Somerset).

Liz Byfield vive nel Leicestershire. Ha cominciato a scrivere poesie da poco, dopo una vita nell'ambito dell'istruzione. Adora le serate di poesia 'a microfono aperto' e recentemente si è esibita al Radnor Fringe Festival.

Joan Byrne ha pubblicato i suoi lavori nei volumi *Obsessed with Pipework*, *South Bank Poetry* e sulla webzine *Ink, Sweat & Tears*. Candidata al Pushcart Prize nel 2014, è una delle tre esponenti del gruppo Rye Poets, che si esibisce periodicamente a Londra. www.joanbyrne.co.uk

Richard Byrt ha pubblicato la sua prima plaquette *Devil's Bit* (De Montfort Books) nel 2015. Fa volontariato per un progetto di Storia Orale LGBT ed aiuta le persone con disturbi mentali a raccontare le loro storie.

Russell Christie, romanziere che vive a Nottingham, è da lungo tempo attivista e portavoce per i diritti civili LGBT. Il suo ultimo romanzo è *The Queer Diary of Mordred Vienna*.

A.C. Clarke vive a Glasgow. La sua quinta raccolta poetica, *A Troubling Woman* (Oversteps Books), è uscita nel 2017. Nello stesso anno ha vinto il concorso per plaquette della Cinnamon Press con *War Baby*. La serie di poesie in gaelico, scozzese e inglese *Drochaid*, scritta con Maggie Rabatski e Sheila Templeton, è stata pubblicata da Tapsalteerie nel dicembre 2019. Attualmente sta lavorando a una serie di poesie su Gala Éluard e Dalí e il loro circolo: il primo gruppo verrà pubblicato in forma di plaquette da Tapsalteerie nel 2021.

Merrill Clarke ha iniziato a scrivere poesia per divertimento quando è andato in pensione dal suo lavoro come docente universitario. Frequenta laboratori di poesia e gli eventi 'a microfono aperto' nella zona di Leicester.

Emer Davis è recentemente ritornata da Abu Dhabi a casa sua, in Irlanda. Si è esibita con le sue opere in entrambi i paesi ed ha pubblicato il volume di poesie *Kill Your Television*, come anche due e-book. Il suo blog è https://bunnacurrypoet.org/

Anne de Gruchy è nata a Londra ma si è sentita a casa nelle Midlands Orientali da quando si è trasferita lì, più di trenta anni fa. È scrittrice, impegnata nel campo delle malattie mentali e fa da badante per suo padre. Il suo blog è www.annedegruchy.co.uk

Richard Devereux è un membro dei Lansdown Poets a Bristol. Recentemente è comparso con alcune sue poesie nel sito web *The Stare's Nest*.

Rod Duncan, nato in Galles, vive a Leicester dove insegna Scrittura Creativa alla De Montfort University. Il suo romanzo *The Bullet Catcher's Daughter* è stato finalista al Philip K. Dick Award e all'East Midlands Book Award. In italiano è uscito *Backlash: Squadra reati etnici* (Garzanti 2004, trad. di Alberto Cristofori).

Ken Evans è un poeta pluripremiato che vive nel Peak District.

Stephanie Farrell è innanzi tutto autrice di prosa, ma si diletta anche a scrivere poesie a articoli sulla cultura pop. Dopo aver studiato Scrittura Creativa alla De Montfort University, è andata a vivere a Londra e sta attualmente completando il suo primo romanzo.

Kerry Featherstone è docente di Scrittura Creativa alla Loughborough University. Le sue poesie sono incluse in varie pubblicazioni, ed è anche un cantautore.

Sally Flint è docente di Scrittura Creativa e Letteratura Inglese alla University of Exeter. Co-fondatrice e redattrice delle riviste *Riptide Journal* e *Canto Poetry*, collabora anche con il progetto 'Stories Connect'. Tra le sue raccolte poetiche recenti, *Pieces of Us* (Worple Press) e il volumetto *The Hospital Punch* (Maquette Publications).

Neil Fulwood ha pubblicato poesia e prosa. È autore del volume *The Films of Sam Peckinpah* e co-curatore, con David Sillitoe, di *More Raw Material: work inspired by Alan Sillitoe*.

Chrissie Gittins ha al suo attivo le raccolte poetiche *Armature* (Arc) e *I'll Dress One Night As You* (Salt). La sua terza plaquette poetica è *Professor Heger's Daughter* (Paekakariki Press). È anche autrice di narrativa breve e poesie per bambini. www.chrissiegittins.co.uk

Mark Goodwin lavora con poesia e suono, ed è anche un operatore sociale che incoraggia persone di ogni estrazione a fare esperienza attraverso la poesia e la poetica. Nato ad Oxford nel 1969, cresciuto in una fattoria del Leicestershire, Mark ha due figli che stanno diventando grandi.

Jan Harris è nata nel Nottinghamshire. Le sue poesie sono apparse di recente in *Snakeskin*, *Envoi*, *Abridged* e *Poems for a Liminal Age*. Il suo tanka è stato esibito alla mostra *The Colour of Poetry*.

Tania Hershman è autrice di due raccolte di racconti per i tipi di Tangent Books e Salt, e co-autrice di *Writing Short Stories: A Writers' & Artists' Companion* (Bloomsbury 2014). Il suo debutto in poesia è datato 2016. È curatrice di ShortStops (www.shortstops.info), membro del Royal Literary Fund presso la Bristol University e sta studiando per un Dottorato in Scrittura Creativa alla Bath Spa University. www.taniahershman.com

Jasmine Heydari è di origini iraniane, ma cresciuta in Svezia. Le sue poesie sono ispirate dalla propria esperienza personale della guerra Iran-Iraq e degli anni successivi. Scrittrice e traduttrice freelance, sta lavorando al suo primo romanzo.

Anne Holloway è Professional Development Manager per Mouthy Poets ed ha pubblicato il suo primo romanzo. Laureata alla Nottingham Trent University con un Master in Scrittura Creativa, fa parte del Nottingham Writers Studio e crede che non sia mai troppo tardi per cominciare a scrivere.

Danielle Hope è medico e poetessa. Vive a Londra. Ha fondato e curato *Zenos*, lavorato per Survivors' Poetry ed è nel comitato di redazione della rivista letteraria *Acumen*. La sua raccolta *Mrs Uomo's Yearbook* (2015) è pubblicata da Rockingham Press. www.daniellehope.org

Sally Jack è una scrittrice, redattrice e poetessa di Leicester. Tra i fondatori e curatori di Upstairs at the Western, il primo teatro-pub di Leicester, è anche Media Manager della compagnia teatrale Off the Fence. Sally scrive recensioni per la *British Theatre Guide* e cura la sezione Spoken Word (Midlands) per *Sabotage Reviews*.

Kevin Jackson è un autore pubblicato online, su riviste e antologie, negli Stati Uniti e in Europa. Considera lo scrivere poesia come una forma di attivismo, essendo affascinato dalla sua capacità di emancipare e responsabilizzare a livello sociale. Kevin si è trasferito nelle Midlands Orientali nel 2013 e ha successivamente scoperto le gioie del camper. Il suo blog è kevnjacksn.wordpress.com

Martin Johns vive nel Northamptonshire. I suoi versi sono pubblicati in molte riviste di poesia. La sua plaquette *Resting Place* è uscita nel 2019 per Palewell Press.

Penny Jones è una scrittrice di Leicester con uno spiccato interesse per la flash fiction (le microstorie). Classificata seconda al concorso per racconti della University of Leicester, il suo primo racconto è stato pubblicato nel 2016 dalla Fox Spirit Books. Frequenta gli incontri mensili di Leicester Writes ed ha partecipato all'organizzazione del primo festival di Leicester Writes per giovani autori.

Ziba Karbassi è nata a Tabriz, Iran. Ha lasciato il paese con la madre nel 1980 e da allora ha vissuto soprattutto a Londra. Ha pubblicato 10 volumi di poesie in persiano, e due in inglese e italiano: si segnala *Poesie/Poems: ooooooommm* (Mille Gru 2011, tradotto in inglese da Stephen Watts e in italiano da Cristina Viti). È stata presidentessa della Iranian Writers Association (in esilio) negli anni 2002-2004, curatrice di *Asar* e redattrice di *Exiled Ink*. Ha assunto la presidenza di Exiled Writers Ink nel Regno Unito dal 2012 al 2014.

Joanne Limburg ha pubblicato due raccolte con Bloodaxe Books, e anche un'autobiografia, un libro di poesie per bambini e la plaquette *The Oxygen Man* (Five Leaves 2012). Il suo libro più recente è il romanzo *A Want of Kindness*. Vive a Cambridge con marito e figlio.

John Ling è stato bibliotecario per ragazzi, insegnante per sordi e ha lavorato per i servizi di prossimità della Kirkless Autism. È un quacchero e un mediatore di comunità. I suoi libri includono *Social Stories for Kids in Conflict* (Speechmark) e la raccolta poetica *Alice the Healer* (Authorhouse). Divide il suo tempo tra la mediazione e la risoluzione di conflitti, lavorando per il progetto Alternatives to Violence.

Alison Lock ha pubblicato poesia e racconti in molte riviste e antologie. È autrice di una raccolta di racconti, due volumi di poesie e un romanzo breve di fantasy. Ha un Master in Studi Letterari. Fa il tutor per corsi di Transformative Life Writing.

Aoife Mannix è autrice di quattro raccolte di poesia e un romanzo. È stata 'poet in residence' presso la Royal Shakespeare Company e per *Saturday Live* di BBC Radio 4. Si è esibita in tutto il Regno Unito e anche all'estero per il British Council. Ha un Dottorato in Scrittura Creativa preso al Goldsmiths, University of London. Il suo blog è livingasanalien.wordpress.com

Roy Marshall vive nel Leicestershire. Il suo lavoro nel campo dell'istruzione per adulti gli ha offerto il piacere di incontrare persone per cui l'inglese non è la prima lingua, molte delle quali lavorano duro per farsi una nuova vita nel Regno Unito. La sua raccolta di poesie *The Sun Bathers* (2013) è pubblicata da Shoestring Press.

Carmina Masoliver è scrittrice, poetessa e performer, membro dei collettivi Burn After Reading e Kid Glove. È stata pubblicata all'interno della serie *Nasty Little Press' Intro*, si è esibita in vari festival e coordina laboratori. Cura l'antologia *Poetry&Paint* e dirige gli eventi di *She Grrrowls* a Londra.

Mary Matusz vive a Huddersfield, città dove opera una vivace comunità di poeti. I suoi genitori erano profughi polacchi stabilitisi in Gran Bretagna dopo la Seconda Guerra Mondiale. Non sono potuti ritornare a casa, ma Mary ha visitato la Polonia molte volte.

John Mingay vive in Scozia, è un poeta pubblicato diffusamente ed è stato editor della Raunchland Publications.

Alan Mitchell scrive "Una volta ero un tossico. / Non sono più un tossico. / Sono un emarginato. / Sono sempre stato un emarginato. / Rinuncio a questa logica misantropica, mono-culturale, militarista, materialista che viene spacciata per normalità per le masse. / Io ho un'ambizione. / Si chiama *Pace & Prosperità per Tutti*."

Hubert Moore ha pubblicato otto raccolte di poesie, le ultime quattro con Shoestring. Una delle sue poesie, "Hosing Down", è stata inclusa nell'antologia *Forward* del 2015. Da lungo tempo sostiene la causa dei rifugiati e ne scrive; ha fatto il volontario con i detenuti e l'insegnante di scrittura presso 'Freedom from Torture'.

Ambrose Musiyiwa coordina CivicLeicester, un media comunitario che usa video e fotografia per documentare e portare in primo piano i dibattiti su ciò che succede a Leicester e dintorni. È autore di *The Gospel According to Bobba*, un volumetto di poesie che spaziano da provocazioni e paure fino alle gioie di una tazza di tè con biscotti.

Andy N è un poeta, scrittore e musicista di Manchester. Il suo libro più recente è *and the end of summer*. Il suo sito web è onewriterandhispc.blogspot.co.uk

Daniel O'Donnell-Smith è dottorando in Scrittura Creativa al Birbeck College. Il suo volumetto di poesie *<c>Odes* è pubblicato da Leafe Press.

Thomas Ország-Land (1938-2018), poeta e pluripremiato giornalista. Sopravvissuto all'Olocausto, nel 1956 ha partecipato alla rivoluzione di Budapest contro il potere sovietico in qualità di giovane reporter dell'*Hungarian Independent*. Ha studiato filosofia all'Acadia University (Canada) e lavorato come corrispondente per l'*Observer* di Londra e il *New York Times*. Il suo ultimo libro (uscito postumo) è *Letters to My Love* di Miklós Radnóti, tradotto e curato da Thomas Ország-Land (Lulu 2019).

Nasrin Parvaz è diventata attivista per i diritti civili quando il regime islamico ha preso il potere in Iran nel 1979. Arrestata nel 1982, ha trascorso otto anni in prigione. I suoi libri sono *One Woman's Struggle in Iran: A Prison Memoir* (in italiano *Sotto il cespuglio della bella di notte*, Effedue 2006, a cura di Patrizio Pacioni e Amir Gorguinpour) e *The Secret Letters from X to A* (Victorina Press 2018). La poesia e i racconti di Nasrin sono stati pubblicati in varie antologie. I suoi dipinti sono stati inclusi in mostre, calendari e cartoline.

Harry Paterson è giornalista musicale freelance. Ha anche scritto *Look Back in Anger: The Miners' Strike in Nottinghamshire* e *Making Plans for Nigel: A Beginner's Guide to Farage and UKIP* (entrambi per Five Leaves).

Simon Perril ha al suo attivo, come raccolte di poesia, *Beneath: A Nekyiad* e *Archilocus on the Moon* (Shearsman 2015 e 2013). Come critico ha scritto molto di poesia contemporanea, e curato libri su John James e Brian Catling. È docente di Pratica Poetica Contemporanea alla De Montfort University di Leicester.

Mariya Pervez è studentessa.

Diane Pinnock è deceduta nel 2017, al termine di una lunga malattia. Oltre a essere una madre, moglie e figlia affettuosa, era un'ardente sostenitrice della giustizia sociale e dell'importanza di un'ottica internazionale e caritatevole riguardo ai problemi del mondo. Sarebbe molto felice di sapere che le sue parole continuano a essere lette.

Sheenagh Pugh è mezza gallese e mezza irlandese, e vive nelle isole Shetland. Ha pubblicato molte raccolte di poesie per la Seren, tra cui *Short Days, Long Shadows* (2014). Ha anche pubblicato due romanzi e una monografia critica sulla fan fiction.

Mark Rawlins è un vecchio coglione scorbutico che scrive e recita poesia come sfogo per la propria rabbia e frustrazione. Si è esibito in gare di poesia, serate 'a microfono aperto', e in qualunque posto l'abbiano voluto per tutto il nord-ovest dell'Inghilterra. È una figura di punta sulla scena emergente della poesia scritta e recitata a Macclesfield.

Marilyn Ricci vive nel Leicestershire. I suoi lavori sono apparsi su antologie e varie riviste come *Magma*, *The Rialto* e *Modern Poetry in Translation*. La sua plaquette *Rebuilding a Number 39* è pubblicata da Happenstance Press.

Caroline Rooney è un'attivista nel campo delle arti e Professore di Studi Africani e Mediorientali presso la University of Kent. Alcuni suoi versi sono inclusi in *In Protest: 150 Poems for Human Rights*. Ha diretto e prodotto documentari ed organizzato spettacoli sulle esperienze dei rifugiati.

Shell Rose è una scrittrice freelance interessata a tutte le forme di scrittura creativa, dalle più banali alle sperimentali. Ha una laurea in Scrittura Creativa e Inglese della De Montfort University, vive a Leicester e scrive un blog settimanale, Fibro Forever.

Sibyl Ruth è una poetessa di Birmingham. Ha tradotto le poesie che la sua prozia Rose Scooler, ebrea tedesca, scrisse nel ghetto di Terezin.

Chrys Salt ha scritto opere messe in scena in molti paesi e tradotte in varie lingue. *The Burning* è stato selezionato tra i 20 Best Scottish Poems del 2012. Nel 2014 la sua plaquette *Weaver of Grass* è stata finalista al Callum Macdonald Memorial Award. Ha ricevuto una borsa di studio per scrittori ed è stata nominata Membro dell'Ordine dell'Impero Britannico (MBE) per i servizi svolti in ambito artistico. In italiano è uscita la ricerca, scritta con Jim Layzell, *Here We Go! Le testimonianze delle donne nello sciopero dei minatori dal 1984 al 1985* (Associazione Circolo Culturale 'La Casbah' 1986, tradotto dal Centro di Documentazione Donna di Brindisi e da Christine Jenkner).

Barbara Saunders ha un rapporto molto stretto con le migrazioni. Nipote di immigrati russi, ha soggiornato in un centro di raccolta all'estero, incontrando altri migranti da tutto il mondo. Oggi insegna inglese ai figli di immigrati provenienti da Cina, India, Pakistan, Etiopia, Iraq, Iran e Serbia.

Rose Scooler (1881-1985) ha composto e memorizzato le sue poesie nel ghetto di Terezin. Dopo la liberazione, alla fine della guerra, è stata portata in un campo profughi a Deggendorf (Baviera). Alla fine è emigrata negli Stati Uniti. Le sue poesie sono state ritrovate dopo la morte del figlio, nel 2006.

Ian Seed ha scritto raccolte poetiche che includono *Makers of Empty Dreams* (2014; *Sognatore di sogni vuoti*, Ensemble 2018, trad. di Iris Hajdari), *Shifting Registers* (2011) e *Anonymous Intruder* (2009), tutte uscite per Shearsman. I suoi versi sono inclusi in *Best British Poetry 2014* di Salt. Insegna alla University of Chester.

Lily Silverman, laureata, è figlia di un rifugiato ebreo sopravvissuto a Buchenwald che nel 1935, all'età di 15 anni, si era visto cancellare la propria cittadinanza tedesca dai nazisti. Il figlio di Lily ha riottenuto la cittadinanza tedesca nel 2015, all'età di 15 anni. Lily e suo figlio tengono incontri nelle scuole britanniche e tedesche sul tema del crescere in una famiglia di rifugiati.

Mahendra Solanki è nato a Nairobi da genitori indiani e le sue opere sono ispirate da queste origini. Dopo la pubblicazione di *Shadows of My Making* nel 1986, le sue poesie sono apparse in riviste e antologie in Gran Bretagna e all'estero, e trasmesse dalla BBC. È membro del Royal Literary Fund presso la University of Warwick ed esercita la professione di psicoterapeuta.

Laila Sumpton divide il proprio tempo tra il lavoro come responsabile dei progetti dell'associazione di letteratura per l'infanzia The Ministry of Stories e la sua attività di poetessa freelance. Mette spesso in scena le sue poesie sui diritti umani ed è co-curatrice dell'antologia per lo Human Rights Consortium *In Protest: 150 Poems for Human Rights* (2012). È membro dei Keats House Poets e sta lavorando alla sua prima raccolta.

Swan è il nome d'arte di una cinquantenne dello Zimbabwe richiedente asilo (e ancora in attesa che venga concesso) che vive nel Regno Unito da più di 16 anni. Da quand'era bambina scrive storie che finivano nella scatola degli scarti. Il gruppo di scrittura creativa di Nottingham l'ha aiutata ad accrescere la propria fiducia in se stessa: adesso scrive molto di più, ed è un'avida lettrice.

George Symonds è studente di giurisprudenza. In quanto cittadino britannico, è entrato in conflitto con i criteri economici richiesti per il visto matrimoniale di sua moglie, la quale non è una cittadina dell'Unione Europea e dello Spazio Economico Europeo. Poiché la sua rendita annuale ammonta a meno di 18.600 sterline, il governo Conservatore ha stabilito che la vita di famiglia è un 'privilegio' che lui non merita. Trova che la poesia sia catartica e il suo blog si trova su www.guiltynation.wordpress.com

Andy Szpuk è un autore di romanzi, racconti, biografie e poesie che vive a Nottingham. La sua opera prima, *Sliding on the Snow Stone*, è la vera storia del viaggio di un ucraino attraverso fame, terrore sovietico e occupazione nazista durante la Seconda Guerra Mondiale. Andy è membro del collettivo di performance poetica DIY Poets a Nottingham.

Laura Taylor scrive e recita poesie in pubblico dal 2010, e continuerà a farlo finché si scateneranno ingiustizie sui poveri e sugli indifesi. I suoi lavori si possono trovare su www.writeoutloud.net/profiles/laurataylor

Maria Taylor ha pubblicato poesie in una serie di riviste che includono *Ambit*, *Magma* e *The Rialto*. La sua prima raccolta *Melanchrini* (Nine Arches Press) è stata finalista del Michael Murphy Memorial Prize. La famiglia di sua madre è stata esiliata da Cipro del Nord nel 1974.

Pam Thompson è poetessa e docente universitaria. Tra le sue pubblicazioni, le raccolte poetiche *The Japan Quiz* (Redbeck Press 2008) e *Show Date and Time* (Smith-Doorstop 2006). È stata vincitrice del Premio della Giuria al concorso poetico di *Magma*. Pam è co-organizzatrice di *Word!*, uno spettacolo di poesia 'a microfono aperto' che si svolge al Y Theatre di Leicester.

Lydia Towsey è poetessa ed artista. Tra le opere che le sono state commissionate, *Freedom Showcase; Spoken Word All Stars Tour* e *Beyond Words*. Ha parlato alla Camera dei Lord, si è esibita al 100 Club di Londra ed ha presentato i suoi lavori allo Zombie Symposium della Plymouth University. La raccolta poetica *The Venus Papers* è pubblicata da Burning Eye Books. www.secretagentartist.wordpress.com

Rory Waterman ha ricevuto una menzione della Poetry Book Society per la sua raccolta d'esordio *Tonight the Summer's Over* (Carcanet 2013). Scrive per il *Times Literary Supplement*, è co-editor di *New Walk* e docente di Inglese alla Nottingham Trent University. www.rorywaterman.com

Stephen Watts ha tradotto l'opera poetica di Ziba Karbassi, che è apparsa su riviste come *Poetry Review* e *Modern Poetry in Translation*. Le raccolte di Watts uscite in italiano sono *Mountain Language / Lingua di montagna* (testo a fronte, Hearing Eye 2008, trad. di Cristina Viti) e *Gramsci & Caruso* (Mille Gru 2014, trad. di Cristina Viti).

Gregory Woods è Professore Emerito di Teoria Gay e Lesbica alla Nottingham Trent University. Tra le sue raccolte poetiche per Carcanet, *Quidnunc* (2007) e *An Ordinary Dog* (2011). La monografia critica *Homintern: How Gay Culture Liberated the Modern World* è stata pubblicata da Yale nel 2016. www.gregorywoods.co.uk

Trevor Wright lavora come assistente sociale per adulti e ha cominciato a scrivere dopo i cinquant'anni. Membro dei Derby City Poets e di Hello Hubmarine, ha partecipato al progetto *Taxidermy Tales* del Derby Museum. Collabora con il Nottingham Writers Studio e con il DIY Poetry Collective, prende parte ad eventi 'a microfono aperto' e coordina laboratori di scrittura espressiva finalizzata al benessere.

Peter Wyton è un pluripremiato poeta sulla pagina e sul palcoscenico. Vive a Gloucester.

Ringraziamenti

Questa antologia è nata da un'idea di Ambrose Musiyiwa ed è stata realizzata grazie al lavoro di molte persone. Tutti i poeti, curatori e lo staff della casa editrice Five Leaves Publications hanno prestato le loro fatiche e il loro tempo senza alcun compenso.

Alcune delle poesie erano già state pubblicate:

"I candidati elettorali promettono di essere duri con le cause del disordine" di Alan Baker in *Variations on Painting a Room. Poems 2000-2010* (Skysill Press)

Haiku (p. 38) di Helen Buckingham su *Sonic Boom #2*

Haiku (p. 76) di Helen Buckingham su *Sonic Boom #3*

"Mancanza" di A.C. Clarke in *Breathing Each Other In* (Blinking Eye Press)

"Il bacio" di Emer Davis, *CTIN 95* (Poetry Kit 2010), *To Tear Your Breath Away*

"Noi arriviamo in camion" e "La grande casa" di Sally Flint in *Piece of Us* (Worple Press)

"Frontiere" di Chrissie Gittins in *Professor Heger's Daughter* (Paekakariki Press)

"Non oltre" di Chrissie Gittins in *Armature* (Arc)

"Il paradosso dell'osservatore" di Tania Hershman dal Charles Causley Trust, dopo aver ricevuto una menzione nel concorso di poesia Charles Causley nel 2014

"Relatività" di Tania Hershman in *New Boots and Pantisocracies*

"La prima volta..." di Jasmine Heydari ha vinto il concorso War Poetry for Today organizzato da TheatreCloud nel 2014

"Esodo" di Danielle Hope in *Mrs Uomo's Yearbook* (Rockingham)

"Nevicata" di Danielle Hope in *Giraffe Under a Grey Sky* (Rockingham) e *Fire*

"Backscatter Song" e "Così tanti in cammino" di Joanne Limburg in *Paraphernalia* (Bloodaxe)

"Relativo" di Roy Marshall in *Clear Poetry*

"Un giretto sul carro del fieno" di Roy Marshall in *The Rialto*

"L'uomo che attraversò il tunnel" di Ambrose Musiyiwa in *International Policy Digest* e *The Stare's Nest*

"in viaggio" di Ambrose Musiyiwa in *Three the Hard Way #whoisyourneighbour*

"Cornici" di Marilyn Ricci in *Penniless Press*

"Rintracciamento" di Marilyn Ricci in *Magma*

"L'insurrezione della poesia" di Chrys Salt in *Dancing on a Rock* (Indigo Dreams Publishing)

"Un viaggio memorabile" di Barbara Saunders sul blog di Carol Rumens in *The Guardian – Poem of the Week* (25/8/215)

"da 'La Riverside Commission'" di Mahendra Solanki in *The Lies We Tell* (Shoestring)

"Sbarco a Lampedusa" di Laila Sumpton in *indiefeeds* (registrazione audio)

"Le lattine di minestra di Andy Warhol" di Andy Szpuk in *DIY Poets* (Nottingham)

"L'anno di cui non parliamo" e "Giorno di mercato" di Maria Taylor in *Melanchrini* (Nine Arches Press)

"*Ave Maria*" di Rory Waterman in *PN Review*

"Storia di una vita" di Gregory Woods in *The District Commissioner's Dreams* (Carcanet)

Sostegno economico

51 persone hanno garantito sostegno economico per questo progetto attraverso il nostro crowdfunder, permettendo così che tutti i ricavati del libro vengano utilizzati per contribuire alla causa dei rifugiati. A questi si sono aggiunti ulteriori aiuti da Ross Bradshaw, Jane Brennan, Roger Bromley, Merrill Clarke, Beth Hartshorne e Bali Rai.

In aggiunta, l'Everyone Reading Festival di Leicester ha generosamente donato un contributo comunitario, e il gruppo di poesia orale Mouths Wide Shut di Londra ha organizzato un evento di raccolta fondi per l'antologia.

Postfazione all'edizione italiana

Il progetto di traduzione che ha portato all'uscita di questo volume ha percorso un lungo periodo. Tutto è iniziato nella primavera 2017, mentre cercavo dei testi adatti su cui lavorare con i miei studenti del corso di Letteratura Inglese per la laurea magistrale in Traduzione, presso il Dipartimento di Lingue dell'Università di Torino. Oltre a romanzi, opere teatrali e raccolte poetiche inserite nel programma del corso, mi servivano opere più brevi per un seminario facoltativo. Mi sono imbattuto nella raccolta di autori vari *Over Land, Over Sea*, prodotta sulla scia della cosiddetta 'crisi dei rifugiati' del 2015, e soprattutto ho saputo del progetto di traduzione internazionale *Journeys in Translation*, collegato al volume. Il coordinatore del progetto, Ambrose Musiyiwa, aveva lanciato un invito pubblico a tradurre alcune poesie della raccolta in più lingue possibili, come strategia attiva per far riflettere traduttori e lettori sulle questioni legate ai rifugiati.

Dopo che Ambrose ha spedito le poesie selezionate, il lavoro seminariale è cominciato – ed è partito col botto, visto che la prima poesia affrontata era "un unico paese" di Rod Duncan, con i suoi due punti di vista simmetrici basati sulla ripetizione esatta dei versi, e la sua forma di poesia 'concreta' che non permetteva di alterare la lunghezza di ogni verso. L'esperienza di quel seminario, con i dettagli delle poesie tradotte e gli impagabili spunti di suggestione che il lavoro di gruppo ha fornito, è già descritta in un articolo per la rivista online *From the European South: A Transdisciplinary Journal of Postcolonial Humanities* (n. 3, 2018). Rimando quindi i lettori interessati alla lettura di quel contributo, al link:
http://europeansouth.postcolonialitalia.it/journal/2018-3/3.Deandrea.pdf

Nell'autunno del 2019, sempre grazie ad Ambrose, è nata l'idea di una traduzione completa del volume per i tipi di CivicLeicester. Così le poesie di *Over Land, Over Sea* sono state riportate in aula, stavolta per il seminario collegato al corso dell'anno accademico 2019-2020. E *Per terra e per mare* ha cominciato a prendere vita. Anche per questo seminario siamo partiti da uno scoglio di una certa difficoltà: "Cosa c'è in un nome?" di Penny Jones, dove ogni verso inizia con un nome proprio il cui significato corrisponde alla descrizione del verso stesso, e le iniziali dei versi formano l'acrostico REFUGEE (nell'originale inglese). Dopo aver analizzato gli aspetti della poesia, compresa la citazione del *Romeo e Giulietta* shakespeariano nel titolo, e dopo una prima traduzione che manteneva nomi ed acronimo come nell'originale, il lavoro di gruppo ha contemplato la possibilità di trovare altri nomi con significati simili in modo da poter formare l'acrostico PROFUGO. Lasciato lo sviluppo di questa soluzione all'iniziativa personale di ogni studente, la settimana seguente ho ricevuto una serie di versioni brillanti ed ingegnose, basate su ricerche su nomi propri non europei e su una grande dote di creatività linguistica. Dovendo fare una scelta, alla fine ho deciso di pubblicare la versione di Alessia Liccardo, ma molte altre avrebbero meritato.

Questa partecipazione così stimolante ha continuato ad arricchire gli incontri del seminario fino al suo termine. Come in quello del 2017, si è discusso molto e scrupolosamente, anche su dettagli marginali. Le proposte di traduzione sono state numerose e hanno contribuito a fare luce su stili poetici variegati: la chiarezza narrativa in "Traversata della Manica" di Anne de Gruchy e "In attesa" di Kathleen Bell; la struttura a scorrimento (che riflette lo scanner anti-migranti del titolo) in "Backscatter Song" di Joanne Limburg, e della stessa autrice la filastrocca "Così tanti in cammino", con i suoi vincoli di rima e di lunghezza dei versi; "Promesse" di Richard Devereux, dov'era necessario mantenere le metafore estese relative ai campi semantici del turismo e dei prestiti bancari; "Addio Terezin" di Rose Scooler, con il suo tono tragicamente profetico.

Sette poesie non sono molte, ma ciò che resta di questi incontri sono, innanzi tutto, le lunghe riflessioni collettive, il ragionare insieme sulle potenzialità del linguaggio, anche solo di una singola parola, per esprimere appieno la nostra umanità. Ciò vale per entrambi i seminari, ed è per questo che voglio menzionare i nomi di tutti coloro che vi hanno partecipato.

Per l'anno accademico 2016/2017: Cecilia Belletti, Carola Borgia, Serena Campione, Daniele Casale, Eleonora Cavallo, Martina Cavallo, Giulia Ciaramita, Daniele Daidone, Gloria De Luca, Serena Gariglio, Mohammed Karbali, Matteo Noto, Luciana Perrucci, Antonella Peretti, Otilia Elena Petrovici, Rosy Raso, Francesca Romagnolo, Sangeet Sandri, Chiara Santini, Ilaria Scorrano, Manuela Serra, Beatrice Tinivella, Adela Tocaru, Sara Toso e Sara Tronzano.

Per l'anno accademico 2019/2020: Vanessa Allegretti, Vincent Amoroso, Marianna Aragona, Roberta Argentina, Elena Bertola, Fabiola Bevacqua, Alice Bianchi, Federica Boatto, Bianca Candalice, Irene Canuto, Lucia Capuzzo, Raffaele Nicola Caracciolo, Giulia Cattadori, Lucia Chiosso, Alessia Ciro, Valeria Colombo, Miriana Cosma, Luisa Cruciata, Elisa Cuccurese, Paolo Carmelo D'Alì, Mattia Danza, Roberto Diana, Manal El Aroui, Alessandro Elia, Valentina Fanelli, Desiree Fanuli, Andrea Filippi, Rosina Franco, Flavia Franguelli, Letizia Fuppi, Maria Corinna Gaburro, Alexis Gagliardi, Sofia Galli, Arianna Gamba, Giulio Gialanella, Elisabetta Granata, Nadia Grari, Camilla Inverso, Veronika Krukovskaya, Serena Laghetti, Chiara Leone, Alessia Liccardo, Laura Marinelli, Claudia Eleonora Mascia, Simona Mele, Luca Mencarelli, Martina Morinelli, Enrica Oteri, Marco Pio Pagano, Carolina Pasquinuzzi, Maria Paola Pedicini, Isabel Perrone, Gioia Pettinari, Valeria Piana, Claudia Reale, Diego Robaldo, Diletta Ruffino, Miriam Samite, Elia Spaccarotella, Aurelio Marco Taulli, Noemi Toffalori, Giorgia Tolomeo, Alessandra Toscano, Ylenia Tripoli, Silvia Vicini, Monica Viviani e Anna Zanussi.

Desidero inoltre ringraziare Ambrose Musiyiwa, per il suo infaticabile spirito di iniziativa e il suo appoggio costante; i miei consulenti linguistici (e amici di una vita) Elaine Ee e Alan Maddock; le mie prime lettrici Irma e Rebecca Deandrea.

Pietro Deandrea
Dipartimento di Lingue e Letterature Straniere e Culture Moderne,
Università di Torino,
Torino, giugno 2020

www.ingramcontent.com/pod-product-compliance
Lightning Source LLC
Chambersburg PA
CBHW051652040426
42446CB00009B/1101